scala Lektüre für den binnendifferenzierten Lateinunterricht

Beziehung und Bezauberung

Geschichten junger Liebe
in Ovids Metamorphosen

Lehrerkommentar

Erarbeitet von Andreas Sirchich von Kis-Sira

C.C.BUCHNER

scala Lektüre für den binnendifferenzierten Lateinunterricht

Herausgegeben von Ingvelde Scholz

Heft 5: Beziehung und Bezauberung
Lehrerkommentar
Erarbeitet von Andreas Sirchich von Kis-Sira

1. Auflage, 1. Druck 2016

Alle Drucke dieser Auflage sind, weil untereinander unverändert, nebeneinander benutzbar.

Dieses Werk folgt der reformierten Rechtschreibung und Zeichensetzung. Ausnahmen bilden Texte, bei denen künstlerische, philologische oder lizenzrechtliche Gründe einer Änderung entgegenstehen.

© 2016 C.C.Buchner Verlag, Bamberg

Das Werk und seine Teile sind urheberrechtlich geschützt. Jede Nutzung in anderen als den gesetzlich zugelassenen Fällen bedarf der vorherigen schriftlichen Einwilligung des Verlags. Das gilt insbesondere auch für Vervielfältigungen, Übersetzungen und Mikroverfilmungen. Hinweis zu § 52a UrhG: Weder das Werk noch seine Teile dürfen ohne eine solche Einwilligung eingescannt und in ein Netzwerk eingestellt werden. Dies gilt auch für Intranets von Schulen und sonstigen Bildungseinrichtungen.

Lektorat Jutta Schweigert
Umschlaggestaltung, Layout und Satz
Farnschläder & Mahlstedt, Hamburg
Druck und Bindung Friedrich Pustet GmbH & Co.KG, Regensburg

www.ccbuchner.de

ISBN 978-3-7661-**5495**-8

Inhalt

Vorwort 4

Didaktisch-methodische Hinweise 6

Textauswahl und Thema 6

Übersetzung 10

Vertikale Differenzierung 10

Interpretation 11

Horizontale Differenzierung 12

Anregungen zur Einstimmung 13

Kommentare zu den Kapiteln

1 Pyramus und Thisbe (Teil 1) 15

2 Pyramus und Thisbe (Teil 2) 20

3 Pyramus und Thisbe (Teil 3) 26

4 Pyramus und Thisbe (Teil 4) 33

5 Pyramus und Thisbe (Teil 5) 41

Gesamtinterpretation I (Kap. 1–5):
Rückblick und Vertiefung 44

6 Sol und Leukothoë (Teil 1) 48

7 Sol und Leukothoë (Teil 2) 54

8 Sol und Leukothoë (Teil 3) 63

Gesamtinterpretation II (Kap. 6–8):
Rückblick und Vertiefung 69

9 Hermaphroditus und Salmakis 71

10 Die Verwandlung der Minyas-Töchter 80

Gesamtinterpretation III (Kap. 9–10):
Rückblick und Vertiefung 87

Klassenarbeit 94

**Literaturverzeichnis
und Internetadressen** 100

Infoblätter

Zäsuren im Hexameter 102

Satzwertige Konstruktionen 103

Dichtersprache 104

Vorwort

Sehr geehrte Kollegin, sehr geehrter Kollege,

unsere Lerngruppen werden immer heterogener. Oft zeigen sich bereits nach wenigen Wochen Anfangsunterricht große Leistungsunterschiede. Es mag daher nicht verwundern, dass diese Unterschiede im Verlauf der Spracherwerbsphase immer größer werden, da beim Lernen der Matthäus-Effekt greift: Wer hat, dem wird gegeben. Je mehr Erfolge man beim Lernen erlangt, desto mehr Erfolge werden es.

Die Erfahrung zeigt im Umkehrschluss, dass infolge dieses Umstands schwächere Schüler immer schwächer werden und sich irgendwann völlig verabschieden, während stärkere Schüler sich zunehmend unterfordert fühlen. Man darf sich nicht dadurch entmutigen lassen, dass nicht jeder Schüler mit jeder Methode zurechtkommt, jeden Text versteht: Es ist völlig normal, verschieden zu sein. In diesem Sinne muss es also darum gehen, Heterogenität als Chance zu verstehen, anstatt vor ihr zurückzuschrecken oder sich diesem Phänomen zu verschließen. Allein der Blickwinkel muss sich ändern: Natürlich kann man nur zum Ziel gelangen, wenn man den Weg kennt, aber oftmals sind es die Umwege, die auf Reisen die tiefsten Eindrücke hinterlassen – und eben doch auch zum Ziel führen. Anstatt einen direkten Weg für alle zu fordern, obwohl man weiß, dass nicht alle ihn schaffen werden, ist es doch viel besser, verschiedene Wege anzubieten, damit jeder seinen eigenen finden und gehen kann. Und auch der direkte Weg beginnt mit einem kleinen Schritt.

Die Lektüreausgabe möchte verschiedene Wege anbieten, um dem Umstand der Heterogenität zu begegnen, damit auch schwächere Schüler Erfolgserlebnisse, stärkere zusätzliche Herausforderungen bekommen.

Vertikale Differenzierung bei der Übersetzung: Für die Ausgabe wurden die Verse 55–415 des vierten Buches von Ovids Metamorphosen ausgewählt und in zehn Übersetzungspassagen unterteilt. Dabei ist jede Passage nach Anforderungsniveau differenziert. Es finden sich jeweils auf einer Doppelseite der Originaltext und eine vereinfachte, mit Hilfen ausgestattete *scala*-Version. Die Hilfen sind dabei so gestaltet, dass sie dem Schüler Hilfe zur Selbsthilfe sind und dementsprechend nach und nach zurückgefahren werden, damit der Schüler immer stärker herausgefordert wird.

Horizontale Differenzierung bei der Interpretation: Für die Interpretation gibt es jeweils einen Pflichtteil, der mit **F** (= Fundamentum) gekennzeichnet ist und ein allgemeines Textverständnis erschließen und absichern soll. Die mit **A** (= Additum) markierten Aufgaben erlauben individuelle Vertiefung, kreative Auseinandersetzung und ergänzende Blickrichtungen. So wird jedem Schüler die Möglichkeit gegeben, rasche Erfolgserlebnisse zu bekommen und Selbst-

Vorwort

bewusstsein parallel zu den fachlich-methodischen Kompetenzen wachsen zu lassen.

Der **Lehrerkommentar** liefert didaktisch-methodische Hinweise, Lösungsvorschläge und Tafelbilder zu den Aufgaben, Hintergründe, Umsetzungsideen und zusätzliche Sachinformationen. Am Ende finden Sie einen Vorschlag für eine Klassenarbeit nebst Erwartungshorizont.

Allzu oft wird vergessen, dass nicht nur die Schüler, sondern auch die Lehrer verschieden sind. Die Vielfalt an Aufgaben soll daher auch den Lehrkräften eine Auswahl erlauben, die zu ihrer Persönlichkeit und ihrem Unterricht passt. Die Ausgabe möchte so auch die Lehrkräfte entlasten, indem sie ihnen eine Textsammlung an die Hand gibt, die ausgearbeitetes binnendifferenziertes Material enthält, das sofort einsetzbar ist, aber trotzdem flexibel und variabel bleibt. Dabei muss auch die Erkenntnis wachsen, dass nicht jeder Schüler Höchstleistungen bringen oder gar zum Ziel kommen kann. In gewisser Weise soll daher auch der Weg zum Ziel erhoben werden, denn nur wer sich gar nicht auf den Weg macht, bleibt zurück. Differenzierung muss bedeuten, Angebote zu machen, nicht aber, mit Zwang jeden auf denselben Stand zu bringen. Bisweilen können gerade sprachlich schwächere Schüler zu ungeahnten Höchstformen gelangen, wenn es um die interpretatorische Auseinandersetzung mit den übersetzten Textpassagen geht. Differenzierung heißt, gemeinsam loszugehen, ein Stück des Wegs zu teilen, verschiedene Routen aufzuzeigen, die einen Mitreisenden zu begleiten, die anderen alleine ziehen zu lassen, sich über jede gemeisterte Etappe zu freuen.

Ich wünsche Ihnen und Ihrer Lerngruppe viel Freude und Erfolg auf dem Weg mit diesem binnendifferenzierten Lektüremodell!

Andreas Sirchich von Kis-Sira
Stuttgart, im Sommer 2016

Didaktisch-methodische Hinweise

Textauswahl und Thema

Pyramus und Thisbe gehören wohl neben Romeo und Julia, die unverkennbar von den beiden inspiriert sind, zu den berühmtesten Liebespaaren der Welt. Nicht ohne Grund begegnet die Geschichte ihrer tragischen Liebe in verschiedenen Lektüreausgaben:
- Es ist eine in sich abgeschlossene, kurze und daher auch unter den Bedingungen reduzierter Stundenzahlen ungekürzt lesbare Geschichte.
- Sie besitzt eine stringent aufgebaute Handlung in verständlicher Sprache.
- Die Handlung ist für Jugendliche nachvollziehbar und entspricht deren Lebens- und Erfahrungswelt.

Grundlegend neu an dieser Ausgabe ist nun zweierlei: Zum einen wird der Text binnendifferenziert nach dem *scala*-Prinzip angeboten. Zum anderen wird der Blick über diese Geschichte hinaus geweitet und selbige nicht mehr aus ihrem Kontext gerissen. So wird deutlich, dass die Geschichte von Pyramus und Thisbe nur die erste von drei Liebesgeschichten ist, die kontextuell verbunden sind und in einem Rahmen stehen, der zusammen mit den beiden anderen Liebesgeschichten – soweit ersichtlich – kaum bis gar keine Berücksichtigung in Schulausgaben findet.

Das ist bedauerlich, denn es verhindert den Blick auf die *Metamorphosen* als Gesamtwerk, als kunstvolle Verbindung einzelner Verwandlungsgeschichten, die nur in ihrer kontinuierlichen Linie als das verstanden werden können, als was Ovid sie verstanden haben wollte: als *carmen perpetuum* der Beschreibung der Weltgeschichte von den ersten Anfängen bis in Ovids Jetztzeit, die in stetem Wandel und damit steter Entwicklung ist. Gerade die Übergänge zwischen den Geschichten verdienen somit nicht weniger Beachtung als die Geschichten selbst.

Die Liebe (*amor*) durchzieht die drei Geschichten als roter Faden. *Amor* ist dabei der allgemeine Begriff für »Liebe«, die in sich sehr viel facettenreicher ist, als es den Anschein haben mag. Dementsprechend greifen die drei Geschichten auch drei Aspekte von Liebe auf:
- Verbotene Liebe: Zwei Jugendliche wollen heiraten, dürfen dies aber aufgrund eines väterlichen Verbotes nicht.
- Eifersucht, Neid und Hass: Wenn man mit den Gefühlen eines anderen Menschen spielt, rührt man an dessen Innerstem. Ein Gefühlschaos entsteht, das (anders als das positive Chaos des Verliebtseins) alle Beteiligten in den Abgrund stürzen kann.
- Reife: Liebe braucht Zeit, um zu reifen, aber auch ein gewisses Alter, um (in ihrer sexuellen Form) überhaupt erst entdeckt zu werden.

Didaktisch-methodische Hinweise

Allen Geschichten gemein ist jedoch, dass sie von junger Liebe handeln. In allen drei Erzählungen spielen Jugendliche im Alter der Schüler die Hauptrolle.

Ändert man die Reihenfolge der Buchstaben des Wortes *amor*, entsteht *mora*, ein Begriff, der alle drei Geschichten durchzieht. Daher steht auch die Ausgabe unter dem Leitmotto: »Weckt sie nicht, weckt sie ja nicht auf, die Liebe, bis sie es selbst will!« Dieses Zitat entstammt dem *Hohelied der Liebe* (*Hld* 2,7) und kann (religiös-weltanschaulich neutral) zum Anlass genommen werden, über sich selbst nachzudenken. Es ist völlig normal, dass sich Jugendliche unterschiedlich schnell entwickeln und damit auch unterschiedlich schnell erwachsen werden. So entdecken Jugendliche auch unterschiedlich schnell Liebe und Sexualität, machen in unterschiedlichem Alter erste Erfahrungen, erleben erste Enttäuschungen. Damit wachsen die Ängste, nicht »normal« zu sein, wenn man im Gegensatz zur Clique eben noch keinen festen Freund bzw. keine feste Freundin hat, für das »erste Mal« das eigene Alter höher ist als das Durchschnittsalter usw. Wer nun aber die Liebe stört, indem er etwas erzwingt, beraubt sich der Möglichkeiten der Reifung und Entwicklung.

Ein interessantes Modell der Entwicklung liefert HAVIGHURST mit dem Begriff der »Entwicklungsaufgaben«: Gerade dem Adoleszenzalter kommt dabei u. a. die Aufgabe zu, die Geschlechterrolle und die Beziehungsfähigkeit zu weiten und zu festigen.[1] Die Protagonisten machen allesamt die Erfahrung, dass jede Störung der Liebe durch Übereilen und Verzögern, Verbieten und Zwingen in die Katastrophe führt.

Etymologisch ist *amor* (vielleicht über die Wurzel *am-*: ehren) über das Lallwort **ama* als Liebkosungswort von Kindern an die Mutter mit *amicus* verwandt.[2] Liebe muss daher nicht unbedingt sexuell sein, sondern beinhaltet weit mehr. Liebe zielt nicht nur auf einen Partner, sondern ist elementar und grundsätzlich »eine Neigung zu etwas, d. i. zu einem Menschen, einer Sache oder zu einem Mehr-als-Menschlichen«[3], z. B. zu den Eltern, zur Familie, zu Idealen (Vaterlandsliebe, Freiheitsliebe, Gottesliebe …) usw.

In der abendländischen Philosophie unterscheidet man klassisch drei Dimensionen: *eros* (begehrende Liebe, d. h. ein Streben nach dem Höchsten und Vollkommenen in allen Bereichen, nicht nur im sexuellen), *philia* (freundschaftliche Liebe, d. h. Respekt, Anerkennung, Verständnis) und *agape* (allgemeine Menschenliebe, die sich gerade auch dem Unvollkommenen

---

[1] Vgl. hierzu kompakt ROTHGANG (2009), 97–108.
[2] Vgl. HINTNER (1878), s. v. *amicus*; vgl. WALDE-HOFMANN (1965), s. v. *amicus*.
[3] WOSCHITZ (2011), 117.

Didaktisch-methodische Hinweise

zuwendet).¹ Zur Liebe gehört daher immer auch ein Gefühl der gegenseitigen Verpflichtung und die Übernahme von Verantwortung für den anderen, aber auch, den Nächsten zu ehren und zu heiligen. Gerade in der verlangenden Dimension steht *amare* in Nähe zu *emere*.² Von »Vorlieben« spricht man ebenso. Der Begriff *pietas* mag daher auch als dankbare Liebe zu verstehen sein: *Pietas* meint eine »pflichtgemäße Gesinnung, dankbare Liebe zu Personen und Sachen, die zu lieben wir durch die heiligen Bande der Natur und sittliches Gefühl verpflichtet sind.«³

Liebe ist somit auch ein Kommunikationsbegriff, zielt Liebe doch auf die Mitteilung des Selbst an ein Gegenüber: »Die Individualität der Person, die im Falle von Wahrheit keine Rolle spielen darf […], wird zum Bezugspunkt der Liebe […]. Das Medium Liebe führt dazu, dass die Welt, die der andere erlebt, angenommen und durch Handeln bestätigt wird. […] Dabei kämpft Liebe mit der Unmöglichkeit des inhaltlichen Verstehens der ganzen Person.«⁴

Liebe kann dabei also ohne Liebe zu sich selbst, d. h. einer grundlegenden Akzeptanz der eigenen Seins- und Existenzbedingungen, nicht gelingen. Übersteigerte Eigenliebe (Narzissmus) zerstört die Beziehungsfähigkeit ebenso wie Eifersucht, Neid und andere Fehlformen, die im anderen den Konkurrenten sehen. Sicherlich zutreffend mag Platons elementare Wahrheit hinter dem Mythos der Kugelmenschen sein, nämlich dass jede Form von Begehren und Liebe die Sehnsucht nach Vollkommenheit (vgl. *eros*), nach Ergänzung des eigenen Ichs durch ein Du ist. Martin Buber stellt zu Recht fest, dass das Ich erst durch das Du zum Ich wird.⁵ Schon das Ich ist eine kommunikative Dimension bzw. eine Perspektive: *Persona* ist die Theatermaske, durch die der Schauspieler schaut. Im grammatischen Terminus »Person« spiegelt sich das wider: Für das Ich (1. Person) gibt es das unmittelbare Du (2. Person) und den ganzen Rest (3. Person), gleichzeitig ist aber jede als Du angesprochene bzw. als Er/Sie/Es bezeichnete Person wiederum für sich ein kommunizierendes Ich, eine 1. Person.

Davon ausgehend soll kurz auf das Problem hingewiesen werden, das Erich Fromm ausmacht: Die meisten Menschen legen in ihrer Sehnsucht nach Liebe die Hauptmühe darauf, geliebt zu werden, und tun dafür einiges, anstatt sich ihre Fähigkeit, selbst zu lieben, bewusstzumachen.⁶ Ein Beispiel hierfür liefert die Nymphe Salmakis, die sich hübsch zurechtmacht, um attraktiv auszusehen, den Jungen formvollendet und beeindruckend souverän

---

1 Eine kompakte Darstellung findet sich bei Wiebel (2011), 128–132.
2 Vgl. Döderlein (1841), s. v. *amare*.
3 Menge (2007), 104.
4 Hintz (2011), 9.
5 Vgl. Buber (2008), passim.
6 Vgl. u. a. Fromm (1980), 11 f.

Didaktisch-methodische Hinweise

anspricht. Zugleich gewinnt der Leser jedoch den Eindruck, dass sie darüber ihre Fähigkeit zu lieben vergisst, weil sie es nicht einsehen kann, dass der Junge, in den sie sich Hals über Kopf verliebt, einfach zu jung ist, um wissen zu können, was Liebe ist. Liebe heißt auch, akzeptieren und loslassen können. Von Augustinus stammt die Aussage: *Dilige, et quod vis, fac!*, denn wer liebt, *kann* nur noch gut handeln.[1] Man kann daher wirklich alles tun, was man will, weil in der Liebe sichergestellt ist, dass man nur das Wohl des anderen im Blick hat. Mit Senecas Worten: *Si vis amari, ama!* (Seneca, *ep.* 9,6)

Ein beliebtes Wortspiel in der römischen Elegie ist der doppelte Sinn von *amari* als Infinitiv Passiv zu *amare* und als Genitiv Singular zu *amarus*. Liebe und Leid liegen erkennbar eng beieinander, denn wer liebt, macht sich verletzlich, gibt sein Innerstes preis. Ent-Täuschung im echten Sinne des Wortes gehört demnach auch zur Entwicklung der Liebe: »War umbe einlite ein edeler muot / niht gerne ein übel durch tûsent guot, / durch manege vröude ein ungemach? / swem nie von liebe leit geschach, / dem geschach ouch liep von liebe nie. / liep unde leit diu wâren ie / an minnen ungescheiden. / man muoz mit diesen beiden / êre unde lop erwerben / oder âne si verderben.«[2]

So ist Liebe nach Platon auch ein Prozess des Erkennens, des Strebens nach dem Guten und Schönen (vgl. Platon, *Symp.* 211c). Dies wird auch im lateinischen Verb *diligere* deutlich: Liebe ist die Auswahl des Guten, des Schönen, d. h. die Erkenntnis der Besonderheit einer Person, eine Hochachtung also im echten Wortsinn. Bei der Entwicklung der Liebe gehört daher auch der Abschied von dem, was »man« sich eben unter Liebe vorstellt bzw. was einem vorgegeben oder vorgelegt wird, dazu, um durch eigene Erkenntnis (für Platon ist Denken definiert als Unterscheiden, griech. *krínein*)[3] zum immer Besseren und letztlich zum Guten an sich zu gelangen. Liebe wird damit zum individuellen Prozess mit individuellen Vorstellungen. Liebe braucht die Zeit der Reife, um den Wesenskern des individuellen geliebten Menschen zu erkennen und zu akzeptieren, d. h. nicht mehr dem Wunsch zu erliegen, den anderen nach eigenen Vorstellungen formen zu können, sondern in dessen Individualität die Ergänzung zur eigenen zu erkennen.

In diesem Sinne durchläuft jede Liebesbeziehung eine phasenhafte Entwicklung, bei der das Verliebtsein und sexuelle Begehren abnimmt zugunsten

---

1 Oftmals überliefert mit *ama* statt *dilige*. Vgl. zu diesem grundlegenden Unterschied Splett (1999), 133: Das Gegenteil zu *amare* ist *odisse*, das zu *diligere* ist *neglegere*. Was Augustin also meint, ist Liebe im Sinne von Hochachtung.
2 Gottfried von Strassburg: Tristan und Isolde. In Auswahl herausgegeben von Friedrich Maurer, Berlin/New York 1986, 15 (V V. 201–210). Übersetzung: Gab es jemals einen Menschen von edlem Geist, der nicht einmal ein Übel für 1000-mal Gut, für große Freude ein Ungemach in Kauf genommen hätte? Wer nie wegen der Liebe leiden musste, hat auch nie Freude durch sie erfahren. Liebe und Leid sind bei der Minne untrennbar verbunden. Man muss durch beide Ehre und Lob erwerben oder ohne sie beide verderben.
3 Vgl. hierzu ausführlicher Finck (2007), 33–35, grundlegend Schmitt (2003), 270–282.

Didaktisch-methodische Hinweise

eines Gefühls der Geborgenheit und Sicherheit, man selbst sein zu dürfen, ohne ständig das Gefühl zu haben, dem anderen imponieren oder besonders gefallen zu müssen.[1] Liebe entsteht dort, wo es zwei Menschen verstehen, im Wir zwei Individualitäten zu vereinen, aber auch zu erhalten, d. h. dem anderen und sich selbst Raum zu geben, den anderen und sich selbst zu respektieren und dem anderen und sich selbst zu vertrauen. Das Wissen darum, dass auf diesem Weg Konflikte unvermeidbar sind, schützt vor vorschnellen Reaktionen und gibt Kraft, auch in schlechten Zeiten zusammenzuhalten.

Übersetzung

Die Übersetzung ins Deutsche ist zentrale Kompetenz und Kernaufgabe des Lateinunterrichts. Dabei können jedoch mehrere Schwierigkeiten auftreten: Um zu übersetzen, braucht man sowohl Vokabel- als auch Grammatikkenntnisse. Ist es anfangs noch möglich, mittels guter Vokabelkenntnisse einem lateinischen Text Sinn zu entnehmen und diesen über das eigene Sprachgefühl in eine gute Übersetzung münden zu lassen, scheitert man spätestens, wenn die Syntaxstruktur komplexer und die Formen differenzierter werden. Einen dichterischen Text zu übersetzen, mag daher als Meisterstück des Unterrichts gelten, da er einige sprachliche Besonderheiten zeigt (vgl. S. 104). Die Unterschiede zwischen den Fähigkeiten und Leistungen der Schüler sind dabei z. T. enorm. Das Spektrum reicht von flüssigem Übersetzen auch komplexer Strukturen über die Fähigkeit, mit Hilfestellung weiterzukommen, bis hin zum völligen »Abschalten«, wenn nur das Wort »Übersetzung« fällt.

Vertikale Differenzierung

An diesem Problem setzt *scala* an. Die Ausgabe versucht, starken Schülern auf der linken Seite den Originaltext (mit Vokabelhilfen) als Herausforderung anzubieten und schwächere Schüler mittels der vereinfachten Version auf der rechten Seite auf verschiedene Weisen zu motivieren und zu unterstützen: Farblich hervorgehoben ist das Textgerüst, d. h. der rote Faden, der nötig ist, um den Text zu erschließen. Dieses Gerüst ist in der Regel reduziert auf eine einfache Subjekt-Objekt-Prädikat-Struktur, die schwächeren Schülern den schnellen Erfolg gönnt, eine Inhaltsangabe machen zu können und durch eigene Übersetzungstätigkeit ein Erstverständnis zu ermöglichen. Auch stärkeren Schülern dient dieser rote Faden, um schnell mit dem Text vertraut zu werden.

---

1 Die Einteilung in Phasen ist unterschiedlich. Einen globalen und allgemein gehaltenen Überblick liefert z. B. EBERT (2014), 27–33.

Didaktisch-methodische Hinweise

Man kann mit diesem Gerüst auf unterschiedliche Weise umgehen. Entweder übersetzt man es im Schüler-Lehrer-Gespräch gemeinsam, um eine verbindliche Grundlage für die weitere Arbeit zu haben, oder man »überfliegt« es, um Schlüsselbegriffe zu sammeln. Das Textgerüst soll außerdem den Lernenden helfen, die eigene Übersetzungsfähigkeit für den konkreten Text herauszufinden, um die richtige Niveaustufe zu wählen.

Es sollte die Regel sein, dass sich die Lernenden selbst einschätzen und kein Niveau vorgegeben wird, was unnötig demotivieren könnte. Es ist kein Problem, jederzeit auf das höhere bzw. niedrigere Niveau umzusteigen. Durch die »Altarfalzung« des Umschlags ist es möglich, die rechte Seite zuzudecken, was Lehrern wie Schülern Vorteile bringt: Der Lehrer sieht mit einem Blick, welches Niveau der Schüler gewählt hat, um im Falle von Fehleinschätzung oder Bequemlichkeit schnell eingreifen zu können.

Bei Bedarf sollte der Schüler jederzeit auf die Informationen zurückgreifen können, die die Klappentexte enthalten.

Bei den vereinfachten *scala*-Texten werden folgende Hilfen geboten:
- In den Texten 1–4 und 6–8 stehen die Hauptsätze links, die Gliedsätze eingerückt, in den Texten 5 und 10 ist die Versstellung beibehalten.
- Anfangs sind die Satzglieder nach der Reihenfolge Subjekt – Objekt – Prädikat angeordnet.
- In den Texten 1 und 6 sind die Subjunktionen und Einleitungen indirekter Fragen unterstrichen.
- In den Texten 1 und 7 sind Relativpronomina und ihr jeweiliges Bezugswort kursiv gesetzt.
- In den Texten 1–2 sowie 6 stehen die satzwertigen Konstruktionen (PC usw.) in Klammern.
- In den Texten 3–5 sowie 8 und 10 sind die Hyperbata unterschiedlich markiert.

Die Hilfen nehmen kontinuierlich ab. So wird zunehmend stärker die originale Wortstellung beibehalten, Hyperbata werden nicht mehr aufgelöst usw. Bereits im ganzen Text 5 wurde an der Wortstellung nichts mehr verändert – für den Fall, dass im Unterricht nur die Geschichte von Pyramus und Thisbe behandelt wird.

Interpretation

Die Interpretationsaufgaben sind allein anhand des Originaltextes zu lösen, auf den sich die Versangaben beziehen. Dadurch ist gewährleistet, dass sich alle Schüler mit dem Originaltext auseinandersetzen und ihn durchdringen. In den *scala-Ausgaben* ist den Interpretationsaufgaben genauso viel Platz wie

Didaktisch-methodische Hinweise

den Übersetzungstexten gewidmet – eine Doppelseite. Denn es genügt nicht, einen Text zu übersetzen, man muss ihn auch verstehen und sich aneignen. Nur dann kann man von »Lernen« sprechen. Auch wenn die Übersetzung Kernkompetenz ist, muss sie gleichberechtigt um die Interpretation erweitert werden, da die Textaneignung sonst unvollständig wäre. Der neunte Text bietet die Geschichte von Hermaphroditus und Salmakis allein in Übersetzung, um den Raum für die Interpretationsarbeit zu erweitern.

Am Ende der Pyramus-und-Thisbe- und der Sol-und-Leukothoe-Einheit und am Ende der Ausgabe finden sich Aufgaben zur Gesamtinterpretation, die zum Ziel haben, das Gesamte in den Blick zu nehmen, um es für das Weitere bzw. das Bleibende nutzbar zu machen. Dabei liegt der Fokus vor allem auf Aufbauprinzipien in Mikro- wie Makrostruktur. Dies soll die Schüler anregen, gerade die Feinheiten des Textes, die immer wieder durchklingen, z. B. die *mora* als Hindernis für *amor*, in neuem Kontext zu entdecken und bisherige Einstellungen zu überprüfen.

Insofern ist es übersetzungstechnisch wie interpretatorisch interessant, den Geschichtenkomplex um die Verwandlung der drei Minyas-Töchter in ihrem Kontext zu belassen und den Blick auch auf bislang didaktisch unentdeckte Metamorphosenstücke zu richten.

Horizontale Differenzierung

Wird die Differenzierung der Übersetzung vertikal angesetzt, d. h. mit Abstufungen des Anforderungsniveaus, liegt der Interpretation das Prinzip horizontaler Differenzierung zugrunde: Hier wird das Augenmerk auf die Vielfältigkeit von Interessen und Neigungen sowie Fähigkeiten und Einstellungen gelegt, damit die Schüler möglichst viele verschiedene Lernwege gehen können.

Der Fundamentum-Bereich der Interpretationsaufgaben ermöglicht den Schülern eine Annäherung an Sprache, Struktur und Inhalt des lateinischen Textes. In einem zweiten Schritt geht es um die genaue Analyse des Textes, was u. a. durch Metrik und Stilistik, Charakterisierungen usw. geschieht. Im Additum-Teil ist in besonderem Maße die Kreativität gefordert, um den Text umzuwälzen und für sich persönlich etwas mitzunehmen. *Quid ad nos?* Das ist hier die Frage. Wer für sich nicht beantworten kann, warum er hier und heute Zeit in die Lektüre eines 2000 Jahre alten Textes investiert, kann nicht von sich behaupten, Zeit lohnend verbracht zu haben. Und es sind ja gerade die Geschichten von der *mora*, die zeigen, dass man seine Zeit verantwortungsbewusst zu nutzen und den rechten Moment zu erkennen hat. Es muss der Lehrkraft im Lateinunterricht demnach zentrales Anliegen sein,

Didaktisch-methodische Hinweise

immer die Gegenwartsbedeutung aufzuzeigen, die Moral von der Geschicht, die noch heute unverändert gilt.

Dafür steht die Einstimmungsseite mit ihren Zitaten. Die Gesamtinterpretation am Ende, die in ihrem Kern den Menschen thematisiert, rundet dies ab: Der Mensch muss das Maß aller Dinge sein. Er erforscht und beurteilt seine Lebenswelt, er steht für sich und andere ein, er gestaltet die Welt. Wer Maßstab sein will bzw. ist, der muss Maßstäbe finden und diese verantworten. Gerade die Literatur kann dabei helfen, sich Erfahrungen von Menschen aus längst vergangenen Zeiten zunutze zu machen, um eigenes Verhalten zu überprüfen. Lernen bedeutet, sein Verhalten zu ändern.[1] Findet keine Verhaltensänderung ausgehend von kriteriengestützter Evaluierung von Verhaltensmöglichkeiten in praktischer Erfahrung statt, wird nichts gelernt. Der Lerngegenstand muss von den Lernenden als relevant eingestuft werden, damit diese sich persönlich betreffen lassen können.

In diesem Sinne ist es ein großes Anliegen dieser Lektüreausgabe, allen Schülern die Aktualität der Thematik aufzuzeigen, möglichst allen Schülern adäquate und zu ihrer Persönlichkeit passende Lernangebote zu unterbreiten, möglichst vielen Schülern die Möglichkeit zu geben, selbsttätig und eigenverantwortlich zu arbeiten, damit sich möglichst viele und möglichst große Erfolge einstellen. Denn nichts motiviert wohl mehr als der Erfolg durch eigene Leistung.

Anregungen zur Einstimmung

You never get a second chance to make a first impression. Daher muss dem Einstieg in die Lektüre breiter Raum gegeben werden. Die Zitate im SB S. 5 können dafür genutzt werden. Hierzu einige Ideen:

- **Teambuilding:** Die Lehrkraft wählt – je nach Klassenstärke – fünf bis sieben Zitate aus, schreibt diese je viermal auf Kärtchen und gibt jedem Schüler eines davon. Die Schüler gehen dann im Zimmer umher und suchen diejenigen Mitschüler, die dasselbe Zitat haben. Sie kommen dann mit diesen ins Gespräch. Nun ist es möglich, dies als Gruppenpuzzle weiterzuführen, d.h., die Gruppen kommen nacheinander mit den anderen Gruppen ins Gespräch, der Abschluss findet im Plenum statt. Oder man gibt den Gruppen den Gruppenauftrag: »Nehmen Sie Stellung zu diesem Zitat und fertigen Sie ein Plakat an, auf dem Sie Ihre Ideen sammeln.« Diese können im Zimmer ausgehängt und im Lauf der Lektüre immer wieder überprüft und durch Belege aus den Texten ergänzt werden.

---

1 Vgl. GERRIG (2015), 200 f.

Didaktisch-methodische Hinweise

- **Textschnipsel:** Die Lehrkraft wählt – je nach Klassenstärke – fünf bis sieben Zitate aus, schreibt diese je einmal groß auf DIN-A5-Papier und schneidet sie in vier Teile; jeder Schüler erhält einen Schnipsel und die Aufgabe, die anderen Teile zu suchen und das Zitat wieder zusammenzusetzen. So kommen auch Kleingruppen ins Gespräch. Ggf. kann dies dahingehend erweitert werden, dass die Zitate jeweils in Blöcke geschnitten und nicht über die Puzzleteilform, sondern wirklich über den Inhalt wieder kombiniert werden.
- **Textscrabble:** Die Impulse im Schülerband (im Folgenden: SB) werden bearbeitet. Anschließend werden die Buchstaben L I E B E untereinander ins Heft geschrieben. Die Schüler nehmen die Buchstaben jeweils als Anfangsbuchstaben für einen Begriff, der ihnen spontan zum Thema Liebe in den Sinn kommt. So können Anfragen, Bedenken, Wünsche oder Ideen notiert und im Verlauf der Lektüre wieder aufgegriffen werden. Auch ein gemeinsames Klassenplakat wäre denkbar.

1 Pyramus und Thisbe (Teil 1)

F1 setting #1

- Pyramus: jung und attraktiv (*iuvenum pulcherrimus*, 1)
- Thisbe: jung und attraktiv (*praelata puellis*, 2)
- beide (*ambo*, 8): unsterblich verliebt (*amor, amantes*, 14)
- *patres*: streng (*vetuere*, 7)
  → Stereotype des Märchens bzw. einer modernen *soap*
- Semiramis: Königin von Babylon, märchen-/sagenhaft (*dicitur*, 3)
- *Oriens* (2): Märchenwelt

Im Bild muss die märchenhafte Szenerie deutlich werden. Die Stadt wird beschrieben als hoch (*alta*, 3) und mit einer hohen Backsteinmauer umgeben (*coctilibus muris*, 4), in der die beiden Hauptpersonen zusammenhängende Häuser haben (*contiguas tenuere domos*, 3).

F2 Forbidden love #1

Zwei junge Leute entdecken ihre Liebe füreinander. Aus nicht genannten Gründen verbieten beider Väter jedoch eine Beziehung. Eine Klimax und ein Trikolon sind erkennbar: *Notitiam, primosque gradus, amor* (5 f.). Diese aber werden durchbrochen durch das Verbot (*sed*, 7), das die Hochzeit verhindert (vgl. *coissent*, 6: Konjunktiv). Dieser Klimax entspricht die Antiklimax *toto nos corpore iungi, ad oscula danda, ad amicas transitus aurīs* (20 f., 23), die einen pointierten Bruch im knappen Abschiedswort *Vale* (25) erfährt. Dass Verliebte die Trennung nicht lange ertragen, ist klar.

Mögliche Überschriften: Verbotene Liebe (*vetuere*, 7) – allmächtige/erfinderische Liebe (*Quid non sentit amor?*, 14) oder heimliche Liebe (*tegitur*, 10) – leidende Liebe (*nequiquam*, 24) – brennende Liebe (*aestuat ignis*, 10)

Pȳrămŭs ēt ³| Thīsbē, ⁵| iŭvĕnūm ⁷| pūlchērrĭmŭs āltēr,
āltĕră, quās ³| Ŏrĭēns ⁵| hăbŭĭt, ⁷| prăelātă pŭēllīs,

Der Chiasmus (*iuvenum pulcherrimus alter – altera praelata puellis*) zeigt einerseits bereits eine besondere Nähe, andererseits den Konflikt. Gleichzeitig stehen *Pyramus* und *Thisbe* eng zusammen, durch Trithemimeres (³|) aber getrennt. Die weiteren Zäsuren (Penthemimeres, ⁵|, Hephthemimeres, ⁷|) trennen ihrerseits.

Hinweis: Das Analysieren der Zäsuren ist fakultativ und wird weder im SB gefordert noch im Klappentext zur Metrik thematisiert. Es kann aber eine weitere Möglichkeit der Differenzierung sein, auch dies als Zusatzherausforderung anzubieten. Eine Anleitung findet sich auf S. 102.

1 Pyramus und Thisbe (Teil 1)

Die Beziehung zwischen den Kindern und ihren Eltern wird von Ovid nicht beschrieben, sondern lässt sich nur aus dem (ebenfalls auffällig knapp gehaltenen) Konflikt bruchstückhaft rekonstruieren. Es muss zwischen den Familien eine lange Verbindung (vgl. *per saecula longa*, 13), aber ebenso tiefe Feindschaft bestehen, die eine Heirat unmöglich macht. Dementsprechend genügt das knappe *vetuere* (7), um das rigorose Verbot zu besiegeln, an das sich die Kinder widerspruchslos halten und statt offener Rebellion oder der Versuche klärender Gespräche lieber den Gang in die Heimlichkeit wählen, um das Verbot im Verborgenen zu hintergehen.

A1 … und alle Fragen offen

Es bleiben etliche Fragen offen, z. B.: Wie kann es sein, dass über Jahrhunderte niemand den Baummangel entdeckt? Warum wird die Liebe verboten? Wie stehen die Mütter dazu? Wie schaffen es die beiden, den Tag über unentdeckt zu bleiben?

Es lässt sich streiten, ob *patres* die Väter oder die Eltern bezeichnet;[1] für die Interpretation soll davon ausgegangen werden, dass es die Väter im Gegensatz zu den von Thisbe später angerufenen *parentes* (Kap. 5, 9) sind.

F3 Love is in the air

- Kennenlernen: *Notitiam, primosque gradus, crevit amor* (5 f.)
- Hochzeit: *Taedae […] coissent* (6)
- Verliebtsein/Leidenschaft: *captis ardebant mentibus* (8), *ignis* (10), *blanditiae* (16)
- Liebe: *amor, amantes* (6; 14; 19)
- Interaktion: *toto nos corpore iungi* (20), *oscula* (21), *ad amicas transitus aurīs* (23)
- Sexualität (von SuS nicht zu erschließender, aber ggf. ergänzend erläuterbarer Spezialwortschatz[2]): *iungere, amare, coire, pyramis* (zu Pyramus), *rima, contiguus* (zu *tangere*), *fissus*.

---

1 Vgl. hierzu zusammenfassend Bömer (1976), 39 f.
2 Vgl. zur Thematik sexuell konnotierten Vokabulars grundlegend Adams (1990).

1 Pyramus und Thisbe (Teil 1)

F4 Einander so nah und doch getrennt

Es häufen sich Hyperbaton und Chiasmus. Der Chiasmus markiert die Nähe der beiden, das Hyperbaton die Trennung, wobei hierbei das trennende Wort oftmals ein Ausdruck der Verbindung bzw. Kommunikation einerseits, andererseits der Vergeblichkeit ist. In der Handlung der Geschichte ist das Element der Trennung die Mauer (*paries*, 12), das der Nähe die Spalte (*rima*, 11), die Kontakt ermöglicht. An der Tafel kann man das so darstellen:

Nähe und Distanz

Chiasmus: markiert die konfliktreiche Trennung der beiden.
V. 10: magis tegitur, tectus magis [aestuat ignis]
V. 17: [constiterant] hinc Thisbe, Pyramus illinc

Hyperbaton: markiert die Trennung der beiden.
Die Mauer steht zwischen ihnen.
V. 8: captis ardebant mentibus
V. 20: toto nos corpore

Positiv: Sie können kommunizieren.
V. 12: paries domui communis utrique
V. 16: murmure blanditiae minimo transire
V. 19: »Invide«, dicebant, »paries […]«
V. 23: ad amicas transitus aurīs
V. 25 f.: Partique dedere oscula quisque suae

Negativ: Ihr Trachten bleibt erfolglos.
V. 24: diversā nequiquam sede
V. 26: oscula […] non pervenientia contra

F5 Ein bisschen Grammatik

Die Wiederholung der satzwertigen Konstruktionen, insbesondere des PC, erscheint für die Lektüre grundlegend. Eine kompakte Zusammenschau mit den Beispielen aus dem Text findet sich auf S. 103.

A2 Klagemauer

Freie Schülerbeiträge.

1 Pyramus und Thisbe (Teil 1)

A 3 ... goes straight to your heart

Eine Sammlung des Repertoires bietet sich an, ebenso sollten die Signale noch einmal komprimiert ausgedeutet werden, die bereits zu Beginn auf das katastrophale Ende hindeuten. Auch sind den Schülern ggf. bereits Romeo und Julia bekannt. Zu klären wäre ebenso die Frage, ob es ein Happy End geben soll oder nicht bzw. wie eine Endlosstruktur erreicht werden könnte.

F 6 Die Erzählerin

Für die Aufgabe empfiehlt es sich, die Erzählperspektiven zu wiederholen und Kenntnisse aus dem Deutschunterricht zu aktivieren. Für eine Einordnung der Perspektive sind folgende Aspekte relevant:

Die Geschichte von Pyramus und Thisbe ist die erste von drei Liebesgeschichten, die von je einer der drei Töchter des Minyas erzählt werden.

Die Erzählerin berichtet sachlich von einer Begebenheit, zu der sie selbst zeitliche und räumliche Distanz hat (vgl. auch *dicitur*). Es bleibt aber offen, warum die Väter die Liebe verbieten, entweder weil die Erzählerin es nicht weiß oder weil sie es nicht verraten will. Sie kennt Details (*nulli notatum*, 13) und Hintergründe, die der erzählten Zeit lange vorausgehen (*per saecula longa*, 13; *olim*, 11), kann aber auch von geheimen Ereignissen berichten, die außer den beiden Protagonisten niemand kennt, kann deren Gespräche belauschen (Wiedergabe einer wörtlichen Rede) und die Gefühle der beiden erkennen (*captis ardebant mentibus*, 8). Mittendrin durchbricht sie jedoch ihren Bericht und spricht die Protagonisten direkt an (*vidistis*, 14; *fecistis*, 15) bzw. stellt (dem Leser) eine sentenziöse Frage (*Quid non sentit amor?*, 14).

A 4 Kein Feuer, keine Kohle

Der Vergleich liegt auf der Hand und liegt im Wesen des Verbotenen, das besonderen Reiz ausübt und das Entbrennen noch steigert. Ohne die Heimlichkeit bzw. das Verbot wäre die folgenschwere Entscheidung zur Flucht nicht gefällt worden.

1 Pyramus und Thisbe (Teil 1)

> **A 5 Ein Bild sagt mehr als tausend Worte**
>
> Interessant sind bei Waterhouse der Blick (traurig, leer) und die Handhaltung (zärtlich, ein Finger in der Mauerspalte). Eine Deutung des Hintergrunds bzw. der Zimmerausstattung und Thisbes Kleidung ist ebenso reizvoll, da die Erzählerin bezüglich der sozialen Stellung der beiden Protagonisten keine Angaben macht. Dargestellt ist die Szene, in der sich die beiden an der Spalte einfinden (*constiterant*, 17) und kommunizieren (*vocis fecistis iter*, 15).
>
> Bei Brancusi ist auf die Münder zu achten, d. h. den Kuss, der die Trennung überwindet. Auch die Umarmung schafft das. Die Trennlinie zwischen den beiden ist fast gerade.

2 Pyramus und Thisbe (Teil 2)

F1 Thisbe

Folgendes **Tafelbild** bietet sich an (die rechte Spalte anlegen, die Schüler aber darauf hinweisen, dass diese erst später ausgefüllt wird; vgl. SB S. 16, F3):

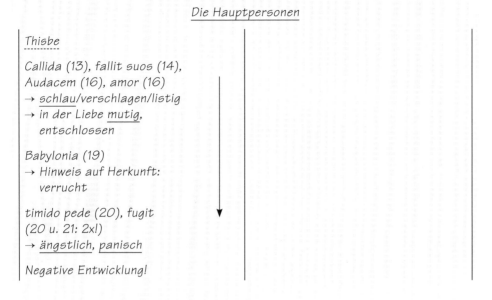

Babylon ist für das römische Ohr immer verbunden mit Lust und Laster.

Callidus entstammt dem Vokabular erotischer Dichtung und meint die Verschlagenheit der Frau, den Ehemann zu täuschen, um heimlich zum Liebhaber zu gelangen. Ebenso ist *audax* negativ konnotiert, für den römischen Leser bedeutet es »übermütig«, »frech«. Die ansonsten, außerhalb der Liebe, wohl eher zurückhaltende und folgsame Thisbe entwickelt in ihrer Liebe also große Kräfte der Emanzipation. Beim Anblick der Löwin jedoch verliert sie den Mut, flieht panisch. Man bedenke, dass sie allein in der Dunkelheit sitzt, da Pyramus noch nicht da ist. Sie nimmt also eine negative Entwicklung: Aus Mut und Entschlossenheit, kontrolliertem und effektivem Vorgehen (vgl. F2) innerhalb der Mauern wird Angst und Panik, unkontrolliertes Verhalten auf freiem Feld.

2 Pyramus und Thisbe (Teil 2)

F2 Der Fluchtplan

Mögliches Tafelbild:

Der Fluchtplan (Kap. 2,4B–10; 12–14)

Plan	Umsetzung durch Thisbe
1. fallere custodes	ad 2. versato cardine egreditur
2. foribusque excedere	ad 1. fallitque suos
3. urbis quoque tecta relinquere	ad 3. adopertaque vultum
4. conveniant ad busta Nini	ad 4. pervēnit ad tumulum
5. lateantque sub umbra arboris	ad 5. dicta sub arbore sedit

→ Thisbe setzt zielsicher und effektiv den Plan in die Wirklichkeit um.

Schwächen:
– Sie gehen getrennt.
– Das Mädchen muss allein durch Stadt und Wald gehen.
– In der Gegend gibt es Löwen.
→ Der Plan missglückt, da Thisbe den Treffpunkt verlassen muss, als Pyramus noch nicht da ist.

Hinweis ad 3.: *adoperta vultum:* Eine Frau, die nachts allein durch die Stadt geht, muss sich etwas einfallen lassen, um nicht aufgegriffen oder für eine Prostituierte gehalten zu werden.

An der Struktur der Konnektoren zeigt sich am Fluchtplan die Dreiteilung »Haus« (1. und 2.), »Stadt« (3.) und »Umland« (4. und 5.).

A1 Landkarte

Interessant ist, dass Thisbes Flucht als relativ zügig (Aufzählung!) und ereignis-/spannungslos beschrieben wird. Ob die *callida Thisbe* (13) Gefühle wie Angst, Unsicherheit, Vorfreude usw. zeigt, wird nicht erwähnt (vgl. lediglich *lux tarde discedere visa*, 11). Erst *timido pede* (20) zeigt die Angst, als das Erscheinen der Löwin den Plan unerwartet durchkreuzt.

2 Pyramus und Thisbe (Teil 2)

F3 Spannung, Spannung, Spannung!

Mögliches Tafelbild:

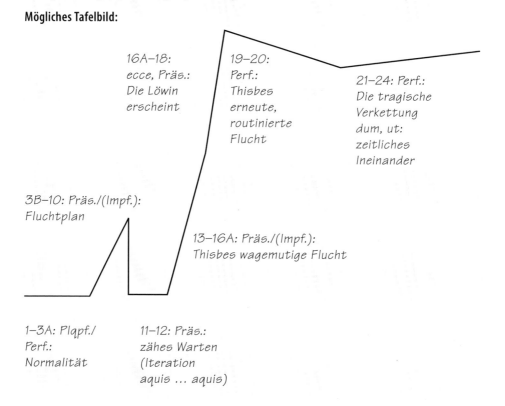

F4 Die Flucht – ein Spaziergang?

Betrachtet man den Fluchtplan der beiden, wird erkennbar, dass die beiden recht naiv und blind vor Liebe sind. Sie stellen sich die Flucht und den Neubeginn relativ leicht vor und machen sich keinerlei Gedanken, wohin sie gehen wollen und wie das gemeinsame Leben weitergehen soll. Ebenso wird der Treffpunkt als *locus amoenus* gezeichnet, eine Idylle mit Baum und Quelle. Dass es sich (ungeachtet philologischer Streitigkeiten um Historizität und Topographie) um ein Grabmal handelt, darf als Vorausdeutung verstanden werden. Der Ausdruck *spatiantes* könnte auch die Wertung der Erzählerin sein, die die Flüchtenden angesichts ihrer Naivität ironisch als Spaziergänger bezeichnet.

2 Pyramus und Thisbe (Teil 2)

F5 Schwarz und Weiß

Mögliches Tafelbild:

Postera [...] Aurora (1) / Sol (2)	nocte silenti (4) / nox (12) / per tenebras (13) / ad lunae radios (19)	obscurum [...] in antrum (20)
Treffen und Entschluss zur Flucht	Flucht vor den Vätern und Ankunft am Treffpunkt	Flucht vor der Löwin
coiere (3)/statuunt (4)	egreditur (14) / pervenit (15) / sedit (15)	fugit (20 u. 21)
→ hell	→ dunkel, aber bei Mondschein	→ völlig dunkel

Die Erzählerin spricht erst ganz am Schluss von »Fliehen« und untermalt dies durch die völlige Dunkelheit in der Höhle.

Den Plan, der in der Theorie gut scheint, besprechen die Liebenden am Tag. Die Umsetzung verläuft auch erst gut; sie geschieht daher passenderweise in der Nacht, aber bei Mondschein, also in gewisser Weise idyllisch, romantisch verklärt (vgl. F4) und so hell, dass Thisbe die Löwin bereits *procul* (19) sieht. Der Fluchtplan ist damit für das Mädchen komplett erfüllt (vgl. F2).

Erst als der Plan mit dem nicht einkalkulierten Erscheinen der Löwin aus dem Ruder läuft und eine neue, ungeplante Flucht nötig wird, wird es wirklich dunkel. Ohne das Erscheinen der Löwin wäre der Plan wohl gelungen, Pyramus, obgleich *serius egressus* (Kap. 3, 1), wäre zu Thisbe gestoßen.

F6 Ewig und drei Tage

- *Postera nocturnos Aurora removerat ignes / Solque pruinosas radiis siccaverat herbas / Et lux tarde discedere visa* (1 f.; 11)
  → lange Zeitdauer, bis sie endlich losgehen können
- *Ad solitum coiere locum* (3)
  → Das Zusammenkommen ist an der Mauer möglich, doch sie sind getrennt.
- *lato spatiantibus arvo* (7)
  → Die Größe des freien Feldes entspricht der langen Dauer der Flucht.

2 Pyramus und Thisbe (Teil 2)

- *Callida per tenebras versato cardine Thisbe* (13)
  → Thisbe hat alles im Griff.
- *niveis uberrima pomis* (9)
  → ausladender, reiche Frucht tragender Baum
- *ardua morus, erat, gelido contermina fonti* (10)
  → besondere Nähe bzw. Einheit von Baum und Quelle als Idyll
- *obscurum timido pede fugit in antrum* (20)
  → Tiefe der Höhle
- *Ut lea saeva sitim multa conpescuit unda* (22)
  → lange Anwesenheitsdauer der Löwin
- *inventos forte sine ipsa / ore cruentato tenues laniavit amictūs* (23 f.)
  → Thisbe ist sehr weit weg vom vereinbarten Treffpunkt.

A 2 Schon so spät!?

Die Hyperbata zeigten bereits, dass die Liebenden, die endlich vereint sein wollen, die Zeit als zäh verrinnend wahrnehmen. Dann aber verläuft der Sonnenuntergang sehr schnell (*lux tarde discedere visa praecipitatur*, 11 f.). Dies entspricht der natürlichen Wahrnehmung bei der Beobachtung von Sonnenuntergängen am Meer: Man wartet sehr lange, bis die Sonne niedersinkt, und je näher die Sonne der Horizontlinie kommt, desto schneller scheint sie zu verschwinden. Ist sie dann untergegangen, wird es sehr schnell dunkel.

F 7 You'll better run

- Pyramus und Thisbe: *coiere, excedere, exierint, spatiantes, conveniant*
  → Zusammenkommen, Verlassen und erneutes Zusammenkommen
- *lux*: *discedere, praecipitatur*
  → Untergang
- *nox*: *exit*
  → Aufgang (Es wird nicht mehr Tag, alles Weitere findet nachts statt.)
- Thisbe 1: *egreditur, pervēnit*
  → Thisbe gelingt das Verlassen, das Zusammenkommen ist aber nur ein Ankommen, da Pyramus nicht da ist.
- *leaena* 1: *vēnit*
  → absichtsloses, zufälliges Vorbeikommen (vs. *pervenit*)
- Thisbe 2: *fugit, fugit*
  → panische Flucht

2 Pyramus und Thisbe (Teil 2)

- *leaena* 2: *redit*
  → Die Löwin geht weg, ohne von Thisbe Notiz genommen zu haben. Das Tier verschwindet und kommt nicht wieder.

Thisbe und die Löwin bewegen sich dabei »parallelistisch«, d. h., beide kommen nacheinander und gehen nacheinander. Es zeigt sich jedoch, dass *fugit* eine negative Fortbewegung ist, die die Gelassenheit der anderen Bewegungen durchbricht und damit den Beginn der Katastrophe andeutet.

F8 Kleine Dinge, große Wirkung

Die Details zeigen einerseits, wie geschickt Thisbe ist, andererseits markieren sie die einzelnen Etappen des weiteren Verlaufs. Der Maulbeerbaum gewinnt zentrale Bedeutung, denn hier wird sich die Verwandlung vollziehen: Die weißen Früchte werden eine andere Farbe bekommen. Der Leser merkt auf, wenn er liest, dass der Maulbeerbaum ausschließlich weiße Früchte trägt, denn normalerweise sollten auch reife Früchte an ihm hängen (vgl. Bild im SB S. 17).

A3 Steine in den Weg legen

Freie Schülerbeiträge.

A4 Klagelaute

multa prius questi (4) lässt Raum für Interpretation.

Murmure parvo (3) als Onomatopoetikon legt die Methode des Klangteppichs nahe, um die Stimmung zu erfassen. Man beachte auch die durch die Häufung der Laute *um* und *u* in den Versen 3 f. erzeugte Heimlichkeit.

3 Pyramus und Thisbe (Teil 3)

F1 Prädikate

Im Erzählteil, d. h. außerhalb der wörtlichen Reden, findet sich im ersten und zweiten Absatz das Perfekt der Erzählung, im dritten findet ein Wechsel ins Präsens statt. Dies geschieht einerseits wegen der Allgemeingültigkeit des Vergleichs, andererseits wegen der Spannung der Erzählung: Der Selbstmord und die verfärbten Früchte werden das sein, was Thisbe bei ihrer Rückkehr als Ergebnis der Verwechslung, die zum Selbstmord führt, sehen wird.

Markant ist auch die dreimalige Verwendung des temporalen *ut*, um die Unmittelbarkeit der aufeinanderfolgenden Handlungen, also die Überstürztheit des Handelns des Pyramus, zu markieren:

1. *Ut [...] repperit, [...] inquit* (3 f.) → Erkenntnis der Situation und Rede
2. *Utque dedit [...] lacrimas, [...] inquit* (13 f.) → Abschiedsritus und letzte Worte
3. *Ut iacuit [...], cruor emicat* (17) → schneller Tod

F2 Gliederung

Verse	Inhalt	Bezug
1–4A	Pyramus kommt an.	▪ *Thisbe egreditur* (Kap. 2, 13 f.) → *Serius egressus Pyramus* (1–3): Er ist (zu) spät. ▪ *inventos [...] sine ipsa [...] amictus* (Kap. 2, 23 f.) → *vestem [...] sanguine tinctam repperit* (3 f.): Thisbes Umhang liegt blutgetränkt auf dem Boden.
4B–11A	Abschiedsrede Teil 1: Er verurteilt sich zum Tod durch die Löwen.	▪ *in loca plena metus* (7): Entlarvung des Idylls ▪ *sub hac habitatis rupe leones* (10): Er vermutet dort, wo Thisbe aktuell ist, Löwen. ▪ *pervenit* (Kap. 2, 15); *Venit leaena* (Kap. 2, 16 f.) → *Serius egressus Pyramus* (1–3); *nec prior huc veni* (8): Motiv der Ankunft

3 Pyramus und Thisbe (Teil 3)

Verse	Inhalt	Bezug
11B–13	Abschiedsritus	• *sub umbra arboris* (Kap. 2, 8 f.); *Pacta placent* (Kap. 2, 11); *dictāque sub arbore sedit* (Kap. 2, 15) → *Velamina Thisbes tollit et ad pactae secum fert arboris umbram* (11 f.): Erfüllung der Vereinbarung
14–16	Abschiedsrede Teil 2 und Selbstmord	• *nostri quoque sanguinis haustūs* (14): Das Gewand soll beider Blut enthalten.
17–20	Wasserrohrvergleich	
21–23	Die Verwandlung	• *niveis uberrima pomis* (Kap. 2, 9) → *in atram vertuntur faciem* (21 f.); *purpureo* […] *colore* (23): Wechsel der Farbe • *mora* (23): Der Baum ist der, den sie vereinbart hatten.

→ Thisbe wird sich ebenfalls umbringen, wenn sie zurückkommt und Pyramus findet.

F3 Pyramus

1. *Serius* (1), *nec prior* (8), *nunc* (14), *Nec mora* (16).
2. Man könnte Pyramus unterstellen, dass er Ovids Rat auch in diesem Moment umsetzt: Dadurch dass er sich rarmacht, will er Thisbe geneigt und sich selbst interessant machen. Betrachtet man sein gesamtes Gehabe, ist die Deutung nicht abwegig. Die Gefahren unterschätzen ja beide. Dass er ein Schwert bei sich hat, spricht ebenso Bände. Er weiß, dass es Löwen gibt, lässt Thisbe aber trotzdem allein gehen. Will er ihr imponieren und/oder sich als »Retter in der Not« aufspielen? Ob in *serius* Absicht steckt oder es nur reiner Beschreibung der Faktizität der Lage, in der es zu spät ist, dient, ist jedoch nicht abschließend zu bestimmen.
3. Sein Handeln ist schwer nachvollziehbar, weil er erst *mora* zulässt und zu spät kommt, dann aber *nec mora* handelt. Pyramus erkennt, dass er zu spät ist, und handelt unverzüglich. War er zuvor zu langsam, ist er nun zu schnell, denn er müsste auf die Idee kommen, dass ein Löwe, den er in der Gegend vermutet, Thisbe nie mit Haut und Haaren hätte fressen können; wenigstens Leichenteile müssten daliegen. Die Tabelle (vgl. S. 20; SB S. 12, F1) lässt sich an der Tafel ergänzen:

3 Pyramus und Thisbe (Teil 3)

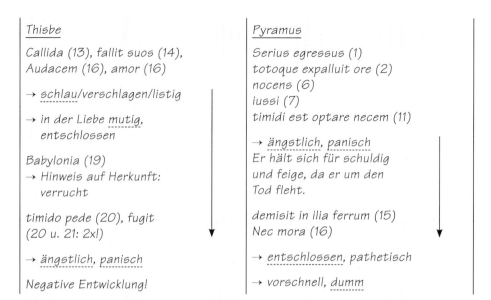

Thisbe	Pyramus
Callida (13), fallit suos (14), Audacem (16), amor (16)	*Serius egressus (1) totoque expalluit ore (2) nocens (6) iussi (7) timidi est optare necem (11)*
→ schlau/verschlagen/listig	
→ in der Liebe mutig, entschlossen	→ ängstlich, panisch
Babylonia (19) → Hinweis auf Herkunft: verrucht	Er hält sich für schuldig und feige, da er um den Tod fleht.
timido pede (20), fugit (20 u. 21: 2x!)	*demisit in ilia ferrum (15) Nec mora (16)*
→ ängstlich, panisch	→ entschlossen, pathetisch
Negative Entwicklung!	→ vorschnell, dumm

4. Pyramus nimmt eine Entwicklung, die der Thisbes entgegengesetzt ist: Er kommt zu entschlossenem, mutigem Handeln und legt seine Panik ab. Das Problem ist jedoch, dass er in seiner Dummheit ein übersteigertes Pathos an den Tag legt. Der Selbstmord ist vorschnell, schließlich fehlt Thisbes Leichnam. Seine Selbstvorwürfe sind teils berechtigt. Denn dass er zu spät ist, ist offensichtlich, und dass die Gegend gefährlich ist, weiß er, was sich daran zeigt, dass er ein Schwert bei sich trägt. Dass er aber die ganze Verantwortung für das vermeintliche Unglück trägt, stimmt nicht, denn Pyramus und Thisbe hatten die Flucht gemeinsam beschlossen (*statuunt*, Kap. 2, 4). Die Erklärung dafür, dass Pyramus ein Schwert bei sich trägt, mag aber auch darin liegen, dass ohne dieses seinem Abschied das Pathos fehlen würde: Zu einem inszenierten, heroischen Selbstmord gehört die passende Waffe.

A1 Lasst Bäume sprechen!

Das Interessante an der Aufgabe ist, dass der Baum der einzige Zuschauer ist, der alles von Thisbes Ankunft an mitbekommen hat. Der Versuch lohnt also, insbesondere auch deshalb, weil der Baum in der Geschichte stumm ist, sonst hätte er ja Pyramus alles erzählen können.

Man erinnere sich an den Prolog zum ersten Fabelbuch des Phaedrus, dem vorgeworfen wird, dass in ihm auch Bäume sprechen (was nicht der Realität entspricht).

3 Pyramus und Thisbe (Teil 3)

F 4 Pathos

»ūnă dŭōs«, īnquĭt, »nōx pērdĕt ămāntēs,	Antithese, Hyperbaton
ē quĭbŭs īllă fŭīt lōngā dīgnīssĭmă vītā;	Antithese, Hyperbel, Hyperbaton
nōstră nŏcēns ănĭmă (e)st. Ĕgŏ tē, mĭsĕrāndă, pĕrēmī,	Alliteration, Apostrophe
īn lŏcă plēnă mĕtūs, quī iūssī nōctĕ vĕnīrēs,	Homoioteleuton
nĕc prĭŏr hūc vēnī. Nōstrūm dīvēllĭtĕ cōrpŭs	Polyptoton, Hyperbaton
ēt scĕlĕrātă fĕrō cōnsūmĭtĕ vīscĕră mōrsū,	Hyperbaton
ō quīcūmquĕ sŭb hāc hăbĭtātīs rūpĕ lĕōnēs!	Alliteration, Apostrophe, Hyperbaton
Sēd tĭmĭdī (e)st ōptārĕ nĕcēm.«	Sentenz

Pyramus häuft Stilmittel, die seine Niedrigkeit Thisbes Erhabenheit gegenüberstellen sollen, um von den Löwen die Vollstreckung des Todesurteils, das er über sich selbst fällt, zu fordern. Die Sentenz zum Schluss zeigt seine Entschlossenheit, dieses selbst zu vollstrecken, da von den Löwen diesbezüglich real nichts zu erwarten ist. Die Anrede dieser dient allein dazu, sie pathetisch aufzufordern, auch ihn zu verschlingen.

Ganz anders die Darstellung bei Pellegrino: Hier ruht Pyramus friedlich am Fuß des Baumes, eine Libelle schwirrt über ihm, ringsum sind Blumen. Fast verträumt schaut der junge Mann mit verschränkten Armen in den Himmel, als schaute er in die Sterne oder nach dem Flug der Libelle. Von Qual und Schmerz ist wenig zu erkennen, vielmehr scheint Pyramus mit sich und der Natur eins zu sein.

F 5 Verwandlung #1

1. a) *fetus vertuntur* (21 f.): Die Früchte verändern ihre Farbe, sie sind fortan schwarz bzw. blutrot (*atram*, 21; *purpureo*, 23), nachdem die Wurzel (*radix*, 22) von Pyramus' Blut getränkt wurde.
   b) Pyramus bringt sich mit dem Schwert um, das Blut durchtränkt die Wurzeln (*madefacta*, 22).
   c) Die *morus*, der Maulbeerbaum, bleibt gleich, nur die Farbe der Früchte ändert sich.

3 Pyramus und Thisbe (Teil 3)

d) Vordergründig um die Farbe der Maulbeere zu erklären, hintergründig fällt aber auch die Ähnlichkeit von *morus*, *mora* und *moron* auf.
2. Die Maulbeere trägt gleichzeitig Früchte in verschiedenen Reifegraden bzw. es gibt die weiße Maulbeere, die auch dunkle Früchte trägt, und die schwarze Maulbeere, die auch weiße Beeren trägt.

F 6 Auf Leben und Tod

Pyramus' Aussage kann so verstanden werden: Es ist feige, sich den Tod zu wünschen, anstatt zu leben. Man kann sie auch folgendermaßen lesen: Es ist feige, sich den Tod nur zu wünschen und ihn nicht selbst herbeizuführen. Die Betonung liegt dabei auf *necem* (11), was einen Mord, also eine Tötung durch andere, beschreibt.

Weitere Begriffe aus Pyramus' Mund: *perdet* (4; »vernichten«, »unglücklich machen«), *peremi* (6; »gänzlich wegnehmen«, »vernichten«), *divellite* (8; »zerreißen«), *consumite* (9; »auffressen«), *accipe sanguinis haustus* (14; »Blut aufnehmen«)
→ Umschreibung für Töten durch andere

Darstellung der Erzählerin:
demisit in ilia ferrum (15; »das Schwert in die Eingeweide stoßen«), *moriens* (16; »sterbend«, sowohl natürlich als auch unnatürlich), *caedis* (21; »Gemetzel«, »Blutbad«)
→ poetische Steigerung und Ausschmückung des faktischen Umstands

F 7 Wasserrohrbruch

»Die so unorganisch wirkende Verbindung von Alltagswelt und hoher Literatur im Gleichnis ist ein Spiegelbild von Pyramus' Charakter. Sein Handeln, das übereilt und ungenügend reflektiert wirkt, zeigt drastisch, wie sehr Illusionen und Realität in einer Extremsituation wie der *ad busta Nini* auseinanderklaffen und in heilloser Überforderung enden.«[1]

D. h.: Das Beispiel wird aus der Alltagswelt, in der unzuverlässige Wasserrohre normal waren, genommen, um Pyramus zu charakterisieren. Ovid zeichnet Pyramus anhand des Maulbeerbaums über die Etymologie als übereilt handelnden *moros* (im Gegensatz zur besonnenen Thisbe, die über das stille Meer und den Buchsbaum beschrieben wird). So wird es verständlich,

---

1 SCHMITZER (1992), 529 f.

3 Pyramus und Thisbe (Teil 3)

dass Ovid einen Vergleich wählt, der das Geschehen nicht in allen Details abbildet:

Rohr	Pyramus
wird verlegt	*iacuit resupinus* (17)
beschädigt (*vitiato plumbo*, 18)	verwundet
Fontäne (*eiaculatur*; *aera rumpit*, 20)	Blut spritzt, um nicht nur die Wurzeln, sondern auch die Früchte einzufärben
stoßweise (*ictibus*, 20)	Blutdruck

A 2 Selbstmord oder Freitod?

Abgesehen von umgangssprachlichen Wendungen kommt es im Wesentlichen auf die Begrifflichkeiten Freitod, Selbsttötung/Suizid und Selbstmord an, wobei erstere eine dem Akt innewohnende Würde betont, letztere pejorativ ist. Suizid ist neutral. Zu fragen ist, inwiefern der Mensch die Verfügungsgewalt über sein Leben hat. Betont man die Freiheit, die darin liegt, sein Leben zu beenden, so muss man andererseits auch die Problematik berücksichtigen, dass Selbstmord stets ein Akt der Verzweiflung, d. h. eingeschränkter oder verblendeter Freiheit ist. Einen Spezialfall stellt sicher das Märtyrertum dar, wenn man sein Leben für andere oder eine Überzeugung hergibt. Selbstmordattentate belegen die Brisanz der Thematik.

Die antike Philosophie ist hinsichtlich der Beurteilung gespalten. Die Stoa erlaubt bzw. fordert den Suizid für den Fall, dass die Alternative ein Leben wider die Vernunft wäre, was in die Euthanasiediskussion bzgl. Komapatienten übergreift. Epikur verbietet die Selbsttötung, da der Tod für uns ein Nichts, also weder zu fürchten noch zu erstreben sei (es sei denn, es geht vor lauter Schmerzen überhaupt nicht mehr), Aristoteles untersagt sie mit dem Argument des Schadens für die Allgemeinheit, Sokrates/Platon mit dem Argument der Notwendigkeit, d. h., der Mensch habe von den Göttern einen festen Platz bekommen, den er nicht verlassen und über den er nicht verfügen dürfe.

Für die Beurteilung darf man sich an Schiller erinnern: »Das Leben ist der Güter höchstes nicht, der Übel größtes aber ist die Schuld.«[1] Auch wenn Schiller das höchste Gut verschweigt, so wäre doch die Liebe eine gute Einfügung, denn wenn man diese zum Kriterium erhebt, entgeht man der Gefahr,

---

1 SCHILLER (1823), 150 (Schlussverse aus *Die Braut von Messina*).

3 Pyramus und Thisbe (Teil 3)

durch den Suizid Schuld auf sich zu laden. Dieses Kriterium bietet sicher auch Anlass zum Gespräch mit den Jugendlichen in ihrer sensiblen Entwicklungsphase, in der Selbstmordgedanken nicht selten sind. Daher ist darauf zu achten, dass die bloße Verurteilung von Schülern oft nicht verstanden wird. Generell fällt es Jugendlichen mitunter schwer, die ethische Dimension und die Tragweite von Suizidhandeln angemessen zu beurteilen. Daher sollte in jedem Fall zumindest eine Sensibilisierung für die Signale, die Gefährdete senden, erreicht werden, um Betroffene ernst nehmen sowie angemessen und richtig handeln zu können.

A3 Rot auf tot

Das Grundwort für Sterben heißt *mori*; die Nähe des Wortes zu *mora, morum* und *morus* (»dumm« bzw. »Maulbeerbaum«) sowie *morsus* ist deutlich. Ein erfahrener Leser könnte auch das im Text nicht vorkommende Wort *morulus* (»schwärzlich«) assoziieren. Ovid verbindet in diesem Text also aneinander anklingende Wörter:

- *scelerata fero consumite viscera* **morsu** (9)
- *tollit et ad pactae secum fert arboris umbram* (sc. **morus**) (12)
- *Nec* **mora**, *ferventi* **moriens** *e vulnere traxit* (16)
- *purpureo tinguit pendentia* **mora** *colore* (23)

In der Tat sind *mora* und *mors* etymologisch verwandt über die gemeinsame Wurzel *mar-*: »aufreiben, zersetzen« (vgl. mahlen, malmen, Mehl, Mühle, Mord). *Mora* ist zertretene, verlorene Zeit. *Murus* (vgl. Kap. 1) entstammt ebenso dieser Wurzel wie das griechische *amaurós* (»dunkel«). *Mordere* führt von der erweiterten Wurzel *mar-d-* zu *morsus*.

Die griechischen Wurzeln *mar-, mer-* und *mor-* verweisen ebenso auf eine gemeinsame Wurzel: vgl. *mar-aínō*: »vernichten«, *moîra* (»Schicksal«), *meíromai* (»Anteil haben«), *móros* (»Todeslos«), vgl. lat. *merere, merus, umbra*. *Morus* ist ein aus dem Griechischen stammendes Lehnwort.[1]

Die Übung soll dazu dienen, sich der gemeinsamen Wurzeln gewahr zu werden, ohne weiter in die vergleichende Sprachwissenschaft vorzudringen.

A4 Haiku

Freie Schülerbeiträge.

---

[1] Vgl. hierzu HINTNER (1873), s. vv. *mora, morum, morior, mordeo*.

4 Pyramus und Thisbe (Teil 4)

F1 Fragen und Zweifeln

Erkenntnismoment	Entwicklung
- *oculis animoque requirit* (2) - *locum et visa cognoscit in arbore formam* (4) - *facit incertam pomi color* (5A) - *Haeret* (5B)	- freudiges Erwarten während Suche (*redit*, 2; *narrare gestit*, 3) - Irritation durch ersten Sinneseindruck: Farbe hat sich geändert, Irritation wird verstärkt durch Pyramus' Absenz (*metu nondum posito*, 1)
- *dubitat* (6) - *videt pulsare* [...] *membra* (6 f.)	- Zweiter Sinneseindruck erhärtet Zweifel: ein unbekannter Verletzter. - Angst/Panik setzt ein. (*Retroque pedem tulit*, 7)
- *suos cognovit amores* (10)	- Gewissheit - Schock (*percutit* usw., 11–14; *clamavit*, 15)

→ Mit zunehmender Gewissheit nimmt auch die Angst zu, die sich in einer Schockreaktion löst. Anfangs weiß Thisbe noch nichts, sondern kommt nur ins Stutzen, da derselbe Baum nun andersfarbige Früchte trägt. Da sie aber Pyramus erst später entdeckt, kann sie dies noch nicht recht einordnen. Sie scheint aber bereits zu ahnen, dass der unbekannte Verletzte Pyramus ist; wer sonst sollte zu dieser Zeit an diesem Ort sein? Sie weicht also wieder von dem Ort zurück, an den sie eigentlich zurückgekehrt war. Die Gewissheit, dass es Pyramus ist, löst in ihr den Schock aus.

A1 Meer und Buchsbaum

Pyramus' Sterben wird von der Erzählerin mit einem Wasserrohrbruch verglichen; auch Thisbes Zustand wird durch einen Vergleich mit Wasser, nämlich mit der Meeresoberfläche, verdeutlicht.

Folgende Gegenüberstellung bietet sich an:

Wasserrohrbruch (Kap. 3)	Meeresoberfläche (Kap. 4)
Wasser unter Druck (*emicat alte*, 17)	endlose Weite (*aequoris instar*, 8)
gewaltig (*scinditur*, 19; *eiaculatur*, 20)	sanft (*stringitur*, 9; *exigua*, 9)
stoßweise (*ictibus aera rumpit*, 20)	flirrend (*tremit*, 9)
Technik (*fistula*, 18; *plumbo*, 18)	Natur (*aequoris instar*, 8)
Wasser kommt in Luft (*aera rumpit*, 20).	Luft kommt auf Wasser (*stringitur aurā*, 9).

4 Pyramus und Thisbe (Teil 4)

→ Der Vergleich verdeutlicht Thisbes zunehmende Beunruhigung, die Ruhe vor dem Sturm sozusagen. Der Vergleich ist exakt in dem Moment platziert, in dem sie den zuckenden Körper sieht, aber noch nicht sicher weiß, dass es sich um Pyramus handelt. Beide Vergleiche zeigen eine Bewegung.

Der zweite Vergleich enthält einen Komparativ: *Ora buxo pallidiora*, er bezieht sich auf die Gesichtsfarbe des Mädchens. In den Vergleich mit dem Wasserrohrbruch ist ebenso eine Farbbeschreibung eingearbeitet, nämlich die Verwandlung der Maulbeeren.

Hier bietet sich nun diese Gegenüberstellung an:

Maulbeerbaum/Pyramus	Buchsbaum/Thisbe
Gesichtsfarbe: *expalluit ore* (Kap. 3, 2)	Gesichtsfarbe: *Oraque buxo pallidiora* (Kap. 4, 7 f.)
Fruchtfarbe: weiß (*niveis pomis*, Kap. 2, 9)	Fruchtfarbe: rot (*purpureo colore*, Kap. 3, 23)
Wandel der Fruchtfarbe durch Verblutung (*madefactaque sanguine radix purpureo tinguit pendentia mora colore*, Kap. 3, 22 f.)	
Wandel der Gesichtsfarbe aufgrund falscher Wahrnehmung des Todes der Geliebten (*vestigia vidit certa ferae*, Kap. 3, 1 f.)	Wandel der Gesichtsfarbe durch Wahrnehmung des verblutenden Geliebten (*videt pulsare membra*, Kap. 4, 6 f.)

→ Sowohl Pyramus als auch Thisbe stehen also im Zusammenhang mit einem Baum, der beide bereits jetzt verbindet.

Stellt man die Szene pantomimisch dar, kommt es darauf an, das mimisch umzusetzen, was der Dichter sprachlich gestaltet. Der Blick geht demnach weg von der Handlung (da das Verbluten bzw. Erbleichen nicht darstellbar ist) hin zu den Handelnden.

Eine Beurteilung der Vergleiche sollte in jedem Fall enthalten, dass sie dazu dienen, die Ereignisse um Pyramus' Selbstmord zu illustrieren, und zwar mit Blick auf die beiden Liebenden: Es ist schließlich der ersehnte Moment, der erste Augenblick in gemeinsamer Freiheit, der doch keine Zukunft bietet, da Pyramus im Sterben liegt. Es geht in den Vergleichen demnach auch darum, das Unfassbare fassbar zu machen.

4 Pyramus und Thisbe (Teil 4)

F2 Körperbau

Die Angaben erfolgen jeweils in der Grundform.
- *corpus* (12) – *membra* (7), *pulsare* (6), *tremebundus* (6), *iacere* (17)
- *oculus* (2) – *requirere* (2), *videre* (6), *lacrima* (13), *fletus* (13), *erigere* (19), *recondere* (19)
- *pes* (7) – *redire* (2), *retro ferre* (7)
- *ora/vultus* (7; 17) – *narrare* (3), *oscula figere* (14), *clamare* (15), *exaudire* (17), *attollere* (17)
- *comae* (12) – *laniare* (12)
- *lacerti* (11) – *amplecti* (12)

F3 Thisbe

pērcŭtĭt īndīgnōs ⁵| clārō ⁷| plāngōrĕ lăcērtōs

Das Hyperbaton deutet einerseits die Armspanne (vgl. *amplexa*, 12), der Chiasmus andererseits die Armhaltung an, mit der Thisbe die Arme rechts und links schwingt. (Die Zäsuren betonen die Eindeutigkeit).

Der Ausdruck *indignos* (11) ist deswegen von besonderer Bedeutung, weil Pyramus im vorigen Abschnitt Thisbe als *longa dignissima vita* (Kap. 3, 5) bezeichnet hatte, nunmehr aber die Erzählerin, d. h. nicht Thisbe sich selbst, das Mädchen für unwürdig befindet. Nun liegt es am Leser, dies zu deuten: *indignus* kann sowohl »unwürdig«, »schändlich« als auch »unverdient«, »schuldlos« oder auch »unpassend«, »unangemessen« heißen.

F4 re-

1) *redit* (2), *requirit* (2) – 2) *Retroque pedem tulit* (7), *remorata* (10) – 3) *responde* (16), *recondidit* (19).

Die Häufung ist nicht zufällig, schließlich geht es um das Wiedersehen der beiden, das erste in Freiheit. Man kann die Komposita analog der Dreiteilung aus F1 ausdeuten:
1) *Redire* und *requirere* bezeichnen Thisbes Tätigkeit, als sie aus der Höhle zurückkommt. Sie hatte Pyramus zuvor sicher schon gesucht, aber nicht gefunden, da sie einige Zeit vor ihm am vereinbarten Treffpunkt angekommen war. Noch ist sie zuversichtlich und unwissend.
2) *Retro ferre* und *remorari* bezeichnen den Zustand der Ungewissheit nach Entdecken des Verwundeten. Thisbe ahnt sicher, dass es Pyramus ist, traut

4 Pyramus und Thisbe (Teil 4)

sich aber nicht, zu ihm zu gehen, geht ein Stück zurück und bleibt ein Stück zurück, wartet ab. Entweder weiß sie nicht, was sie tun soll, oder sie ist gebannt von dem Schauspiel des spritzenden Blutes, das die Früchte des Maulbeerbaums färbt. Gleichwohl begeht sie mit ihrer *mora* genau denselben Fehler wie Pyramus mit seiner, denn was sie tut, ist letztlich unterlassene Hilfeleistung. Vielleicht könnte sie Pyramus noch retten, wenn sie nicht säumen und zurückbleiben würde. Ihr Tun fällt, so verständlich es sein mag, wohl auch in den Bereich des Törichten, denn wer außer Pyramus sollte dort liegen? Vielleicht will sie es aber auch einfach nicht wahrhaben.

3) *Respondere* und *recondere* jedoch, Pyramus' ausbleibende Antwort und Schließen der Augen nach kurzem Blick auf Thisbe, verschaffen ihr nun die Gewissheit, nachdem sie sich (zu spät?) zu ihm vorgewagt hat. Er kann nicht mehr sprechen und schließt seine Augen nun für immer.

F5 Bildvergleich

Bevor man die beiden Liebenden in den Blick nimmt, lohnt der Blick auf den Hintergrund: Auf dem Bild rechts erkennt man das Grabmal und die Stadt, auf dem Bild links ist die Löwin noch zu sehen, die völlig unbeteiligt nach rechts abgeht.

Unverkennbar bei beiden ist auch der Maulbeerbaum, gleichwohl keiner der beiden Maler den farblich veränderten Früchten Beachtung schenkt. Bei Nesseltaler ist in der Diagonale der Gesichter des Paares noch ein kleiner Amor erkennbar, der auf die beiden herabschaut.

Bei der Betrachtung von Pyramus liegt das Augenmerk auf seiner Haltung: Bei Nesseltalers Darstellung steckt das Schwert noch im nackten Leib, der Junge sieht erhaben aus. Die Aufmerksamkeit des Betrachters wird auf den Oberkörper, der auf Thisbes Gewand liegt, und das Gesicht gelenkt. Bei Aldegrever hingegen liegt Pyramus verzerrt, das Gesicht ist kaum erkennbar, der gesamte bekleidete Leib kaum vom Erdboden unterscheidbar.

Bei Thisbe ist vor allem die Umsetzung der Trauergesten zu untersuchen. Beide Darstellungen zeigen den Moment, in dem sie sich bereits des Umstands gewahr ist, dass Pyramus im Sterben liegt. In wenigen Augenblicken wird sie sich auf ihn stürzen und ihn mit Tränen überschütten. Bei beiden Darstellungen nicht zu erkennen sind die zerrauften Haare, dafür aber die bewegte Armhaltung.

4 Pyramus und Thisbe (Teil 4)

Ovids Darstellung lässt offen, ob Pyramus noch etwas sagen will. In jedem Fall hört er den Namen der Geliebten und sieht sie mit seinem letzten Blick. Dieser allerletzte Moment interessiert: Würde er noch einmal seine Liebe bekennen? Würde er seinen Irrtum einsehen und bereuen? Würde er sich erklären wollen?

A2 Facetten der Trauer

1. Es wäre denkbar, diese Aufgabe als Kurzimpulse an die Schüler zu verteilen. Es zeigt sich, dass die Riten vor allem davon abhängen, welche Jenseitsvorstellung man selbst, eine Gesellschaft, Religion o. Ä. hat. Ein endgültiger Abschied, weil nichts mehr kommt, sieht anders aus als ein Übergang in ein ewiges Leben, Paradies o. Ä.
   Je nach Intention fächerübergreifenden Lernens lohnt ein Blick in die Lehrpläne von Religion bzw. Ethik, Erdkunde, Gemeinschaftskunde/ Politik usw. Thematisch bieten sich die Weltreligionen, Naturvölker, Ahnenkulte usw. an.
   Im Wesentlichen soll es neben der Sachdarstellung darum gehen, eigenes Trauerverhalten zu reflektieren, um zur Erkenntnis zu gelangen, dass Trauer wesentlicher Bestandteil der Reaktion auf Verlust ist.[1]
2. Geheul und Gewinsel der Frauen → *clamavit*
   Weinen → *supplevit lacrimis*
   an die Brust schlagen → *percutit lacertos*
   sich die Haare aus dem Kopfe raufen → *laniata comas*
   seine Kleider zerreißen → Bezeichnend ist, dass Thisbes Gewand bereits zerrissen ist. Wenn man so will, ist das eine Vorausdeutung auf den Tod des Geliebten bereits kurz nach ihrer Ankunft am Treffpunkt.
   Darüber hinaus umarmt Thisbe den Sterbenden und küsst seine Wunden.

---

[1] Grundlegend mag noch immer Freuds Definition von Trauer sein: Sie ist »regelmäßig die Reaktion auf den Verlust einer geliebten Person oder einer an ihre Stelle gerückten Abstraktion wie Vaterland, Freiheit, ein Ideal usw.« (FREUD [1975], 197).

4 Pyramus und Thisbe (Teil 4)

F 6 Rezeption

Bei der Pyramus-Thisbe-Geschichte handelt es sich um eine der am meisten rezipierten Geschichten überhaupt. Ein Blick auf Rezeptionsdokumente der bildenden Kunst sowie der Literatur darf demnach nicht fehlen. Weithin unbekannter als Romeo und Julia und daher auch erst noch zu entdecken sind die drei Pyramus-Thisbe-Spiele aus dem 17. Jahrhundert, von denen hier eines auszugsweise herangezogen werden soll.

Entscheidend ist, dass Thisbe, als sie die Verse 15–17 spricht, noch nicht weiß, was eigentlich passiert ist. Sie fragt, was für ein *casus* eingetreten ist, und fleht den Geliebten an, am Leben zu bleiben.

Vergleicht man damit die im SB abgedruckten Verse aus dem Pyramus-Thisbe-Spiel, erkennt man, dass der Autor wenig übernimmt. Stattdessen fügt er Angaben, die eigentlich die Erzählerin macht, in die Rede ein und schmückt sie aus. Es wird ein Gegensatz zwischen den Augen und dem Herz aufgebaut. Denn Thisbe erkennt an den Augen, dass Pyramus fast tot ist, will aber bis zuletzt hoffen, dass das Herz noch lebt, die Liebe unsterblich ist. Das Öffnen der Augen wird zum Befehl, im Original berichtet es die Erzählerin.

Auch die Frage »Wer?« lässt vermuten, dass Thisbe an eine höhere Macht oder zumindest nicht an Selbstmord glaubt – im Original bezieht sich *quis* (statt *qui*) auf *casus*.

Es wäre auch möglich, im Unterricht den entsprechenden Ausschnitt aus einem weiteren Pyramus-Thisbe-Spiel heranzuziehen, um den Gedanken der Rezeption noch weiter zu vertiefen. Der folgende Text von Damianus Türckis von Torgau z. B. ist dem ersten vergleichbar, doch er geht noch weiter in der Übernahme, nämlich bis zur Erkenntnis, dass es Selbstmord infolge des Missverständnisses ist. Stärker betont Thisbe hier die Wunden und Pyramus' Aussehen. Zudem hat sie Angst, er könnte sie vergessen haben. Entsprechend betont sie, dass sie noch immer seine große Liebe ist. Der Text lautet (fett markiert sind wörtliche Entsprechungen mit der Ovid-Vorlage, kursiv sind die Angaben, die bei Ovid die Erzählerin macht):

O Weh, o Weh der großen Not, / wie liegst du da in Blut so rot, / du herzliebster Herzensschatze mein. / *Ach tu doch auf die Augen dein* / und *schau doch mich*, ob ich nicht bin, / die ich allzeit war vorhin, / **Deine allerliebste Thisbe**. / Ach kennst du mich nicht mehr, / Hast du mein sogar vergessen? / Du meinst, die Tiere hätten mich gefressen, / Als du mich nicht hier hast gefunden; / wie blass sind deine Wunden, / *All' Kräft' sind dir geschwunden, / Wie ist dein Antlitz gar verblichen,* / Und auch dein rosenfarb'ner Mund.

SCHAER, A. (Hg.): Drei deutsche Pyramus-Thisbe-Spiele (1581–1607), Tübingen 1911, 211

4 Pyramus und Thisbe (Teil 4)

F7 Zufall?

Thisbe hatte das Gewand bei ihrer Flucht verloren und es (bewusst oder nicht) liegenlassen. Überhaupt ist es fraglich, ob sie in ihrer Panik den Verlust bemerkt hat. Sie geht jetzt also, da sie das blutige Gewand als Ursache des tragischen Missverständnisses noch nicht entdeckt hat, von einem tragischen Zufall aus. Bezeichnend ist auch, dass hier keine Rede vom Schwert ist, sondern dass im nächsten Abschnitt berichtet wird, dass sie die leere Schwertscheide sieht (vgl. Kap. 5, 1f.).

Vergleicht man Pyramus' und Thisbes Auftreten, so zeigt sich, dass die berechnende, schlaue Thisbe nun, nachdem die Angst vor der Löwin beseitigt ist, gelöster handelt. Sie kommt fast leicht zurück, hat nur noch Angst, der Geliebte ist durch ihre lange Abwesenheit enttäuscht und denkt, sie sei zu spät losgegangen, langsam oder feige gewesen; ferner erfüllt sie das Klischee, dass Frauen erst einmal alles erzählen wollen. Dann verfällt sie wieder in Angst und Panik, handelt im Schock – im Gegensatz zu ihrer Effektivität und *coolness* bei der Flucht. Pyramus hingegen, der als vorschnell und dumm gezeichnet wurde, bleibt diesem Bild mit seinem Selbstmord treu, auch wenn er sich bemüht, einen gewissen Heroismus an den Tag zu legen.

Die Charakterisierungstabelle (vgl. SB S.12, F1 bzw. SB S.16, F3, 3) kann man also folgendermaßen ergänzen:

//zu Thisbe	//zu Pyramus
Erkenntnis löst Panik und Schock aus → Verlust der Kontrolle	Erkenntnis löst Panik und Schock aus → lächerlicher Heroismus

Der Vergleich mit Ovids *Amores* bietet sich an, hatte man doch bereits Pyramus' verzögertes Losgehen in die Richtung interpretieren können, dass es sich um einen Part eines erotischen Spiels aus Annäherung und Verweigerung handelt. Auch wirkt der Selbstmord mit dem Schwert lächerlich heroisch, da Pyramus das Schwert vielleicht nur aus Imponiergehabe bei sich hatte. Wäre er von der Notwendigkeit ausgegangen, sich verteidigen zu müssen, hätte er Thisbe bestimmt gewarnt oder sie nicht alleine gehen lassen.

Der Bezugspunkt zu den *Amores* liegt vor der Folie von Thisbes Absenz in *ne fallat amantem*: Pyramus könnte glauben, dass Thisbe absichtlich nicht da ist, da es zu besagtem Spiel gehört, dass sich die Freundin zum Schein versagt. Sie ist jedoch gezwungenermaßen abwesend und erwartet das Zusammentreffen so sehr, dass sie so früh wie möglich losgegangen und deshalb noch vor ihm am Treffpunkt war. Sie hat nun Angst, dass er ihre Abwesenheit für Koketterie hält.

4 Pyramus und Thisbe (Teil 4)

F 8 Übersetzungsvergleich

Der Übersetzungsvergleich bietet sich an dieser Stelle an, da zuvor die Rezeptionsdokumente zum Vergleich herangezogen wurden. Die Übersetzungen haben nunmehr den Anspruch der genauen Textwiedergabe, wohingegen die Pyramus-Thisbe-Spiele einen eigenen künstlerischen und auch interpretatorischen Kurs verfolgen durften.

Bei dieser Aufgabe ist in einem ersten Schritt ein arbeitsteiliges Verfahren möglich, und zwar in der Form, dass ein Tischpartner die eine, der andere die andere Übersetzung nach bestimmten Kriterien bearbeitet. In einem zweiten Schritt kann man die Übersetzungen im Plenum vergleichen.

Die Methode des Übersetzungsvergleichs ist grundlegend. Es wäre auch möglich, Schülerübersetzungen aus dem Internet vorzulegen und diese auf Fehler analysieren und vergleichen zu lassen. Da die Ausgabe einen längeren, zusammenhängenden Text enthält, ist es vorprogrammiert, dass sich die Schüler Übersetzungen (aus dem Internet) besorgen. Es ist daher unverzichtbar, sich kritisch mit dem Thema Übersetzung zu beschäftigen und Kriterien zu erarbeiten, nach denen die Qualität und der Nutzen einer Übersetzung beurteilt werden können.

Einige Hinweise mögen hier genügen:

a) Rösch (1964):
- *clamavit*: wird Präsens
- *responde*: entfällt
- *te*: deinen Namen
- Die pathetische Wiederholung von *Pyrame* entfällt.
- *visa illa*: wird gleichzeitig übersetzt, Thisbes Name wird genannt.

b) Breitenbach (1964):
- *Pyrame*: bekommt Attribut »geliebter«
- *nominat*: wird Prädikat eines Relativsatzes; dadurch wird es möglich, die Wortstellung des Originals beizubehalten, bei der Pyramus als erstes, Thisbe als letztes Wort im Vers genannt wird.
- *Ad nomen Thisbes* wird erweitert durch das Prädikat »hörte«. Dies greift die Aufforderung *Exaudi* (17) auf, wodurch eine Abfolge deutlich wird: hören → Augen auf; sehen → Augen zu.

5 Pyramus und Thisbe (Teil 5)

F1 Prädikate

Abgesehen vom praktischen Nutzen, dass eine (genaue) Bestimmung der Prädikate Grundlage eines (vertieften) Satzverständnisses ist, lässt sich an den Formen der Prädikate auch die Grundstruktur der Passage ablesen.

Rahmen: Über Thisbe bzw. Thisbe über sich selbst		
cognovit (1) *vidit* (2) *inquit* (2) *perdidit* (3)	3. Pers. Sg. Ind. Perf. Akt.	Thisbes Erkenntnis der Ereignisse: Seine Liebe führte Pyramus ins Verderben.
Est/est (3 f.)	3. Pers. Sg. Ind. Präs. Akt.	Der Ist-Zustand …: Sie hat auch diese Liebe.
Dabit (4)	3. Pers. Sg. Fut. I Akt.	… und dessen mögliche Folge: Sie kann auch ins Verderben gehen.
Persequar (5) *dicar* (5)	1. Pers. Sg. Konj. Präs. Akt. (Hortativ)	Die Aufforderung an sich selbst, der Erkenntnis Taten folgen zu lassen: Sie will ins Verderben gehen.
An die anderen **a) An Pyramus**		
poteras (7)	2. Pers. Sg. Ind. Plqpf. Akt.	Was Pyramus kann, kann sie schon lang.
poteris (7)	2. Pers. Sg. Fut. I Akt.	
b) An die Eltern		
estote rogati (8)	Imp. II Pl.	Bitte: im Tod die gemeinsame Liebe nicht mehr neiden (eingeschoben: *quos certus amor, quos hora novissima iunxit* [10]: 3. Pers. Sg. Ind. Perf. Akt., weil die Liebe sie ins Verderben geführt hat)
invideatis (11)	2. Pers. Pl. Konj. Präs. Akt. (Finalsatz)	

5 Pyramus und Thisbe (Teil 5)

c) An den Baum

tegis (13)	2. Pers. Sg. Ind. Präs. Akt.	Ist-Zustand … (*nunc*, 13): Einzelgrab
es tectura (13)	2. Pers. Sg. Fut. I Akt.	… Soll-Zustand (*mox*, 13): Doppelgrab (coniugatio periphrastica: gibt die Absicht an)
tene (14) *habe* (15)	Imp. I Sg.	Bitte: Farbänderung beibehalten

Rahmen: Über Thisbe

Dixit (16) *incubuit* (17)	3. Pers. Sg. Ind. Perf. Akt.	Thisbes Selbstmord
tepebat (17)	3. Pers. Sg. Ind. Impf. Akt.	Hintergrundhandlung / tragische Ironie: Der Selbstmord geschieht mit Pyramus' Schwert.

Die Nachgeschichte

tetigere/tetigere (18)	3. Pers. Pl. Ind. Perf. Akt.	Die Bitten werden erfüllt:
est (19) *permaturuit* (19) *superest* (20) *requiescit* (20)	3. Pers. Sg. Ind. Präs. Akt. 3. Pers. Sg. Ind. Perf. Akt. (durch *ubi* bedingt)	1. Die (reifen) Früchte tragen die Farbe noch heute. 2. Die Asche liegt noch heute in derselben Urne.

F2 **1 + 1 = 2**

Bereits im dritten Textteil (vgl. Kap. 3, 4) war die Wendung *una duos nox perdet amantes* aufgefallen. Bei der Kombination »zwei Liebende – eine Einheit« handelt es sich um einen Topos erotischer, elegischer Dichtung (vgl. z. B. auch Properz 2, 26, 30–34).

Im vorliegenden Text begegnen *fortis in unum* (3), *causa comesque* (6), *amborum* (8), *meus illiusque parentes* (9), *amor* (10), *iunxit* (10), *conponi tumulo eodem* (11), *corpus unius/duorum* (12 f.), *gemini cruoris* (15), *una in urna* (20).

Es geht also darum, zu betonen, dass die beiden füreinander bestimmten Liebenden nun endlich zusammenkommen dürfen, auch wenn es im Tod ist.

5 Pyramus und Thisbe (Teil 5)

A1 never ending story

Ausgangspunkt der Betrachtung ist die Frage, wie die Eltern vom Wunsch der beiden erfahren, obwohl sie nicht dabei sind. Bezeichnend ist auch der Wechsel von *vetuere patres* (Kap. 1, 7) zu *tetigere parentes* (18). Ein Rückgriff auf die Frage, wie die Geschichte als *soap* zu gestalten ist (vgl. SB S. 9, A3), bzw. auf die mögliche Vorgeschichte und die Leerstellen (vgl. SB S. 8, A1) bietet sich ebenso an, da nun relevant wird, dass es kein Happy End gibt, durchaus aber eine Endlosgeschichte daraus werden kann, wenn man um die geläuterten Väter herum weitere Personen einfügt usw.

A2 Eine andere Deutung

»Pyramos« ist als Name eines Flusses, »Thisbe« als der einer Quelle belegt. Die Geschichte dient also als Aition für die Namensgebung dieser Gewässer.

Gleich sind die Namen der Protagonisten, deren Liebe zueinander, ihr Tod und die Gnade der Götter.

Unterschiedlich ist jedoch:
- Es ist nicht die Rede davon, dass die Väter die Liebe verbieten, die Liebenden kommen sich auch problemlos nahe; die Frage aber bleibt, vor wem Thisbe die Schwangerschaft verheimlichen will.
- Erst bringt sich Thisbe um, dann Pyramus.
- Die Eltern werden auch am Ende nicht genannt.
- Die Liebenden selbst werden verwandelt, nicht etwas anderes durch die Liebenden.

Gesamtinterpretation I (Kap. 1–5)

Rückblick und Vertiefung

A1 Rezeption

Die Episode spielt am Valentinstag. Bart und sein Vater Homer verbringen den Tag getrennt von der Schwester Lisa und der Mutter Marge, die in einem Restaurant speisen. Für einen Moment ist Lisa allein. Durch eine Spalte (*rima*) in der Holzwand zwischen ihr und dem nächsten Tisch erblickt sie einen attraktiven Jungen, der ein Buch von Hemingway liest. Sie lernen sich also erst an der Wand kennen, wobei dies zwar öffentlich, von der abgelenkten Mutter (und dem abwesenden Vater) aber unbeachtet, stattfindet.

Parallel werden Lisas, Marges und Barts Tag gezeigt. Interessant ist, dass auch das Motiv der Handarbeit aufgenommen wird: Marge arbeitet (wie die drei Minyas-Töchter) in einem Nähtreff. Sie näht und bestickt eine Decke, auf der Lisa als Marienkäfer dargestellt ist (vgl. Kafka: *Die Verwandlung*!), wobei sie aufgrund einer Illusion (sie sieht Drillinge statt Zwillinge) an ihrem Verstand zweifelt. Lisa allerdings vergisst die Zeit (*mora!*) und kommt zu spät in den Nähtreff, obwohl sie ihrer Mutter ihr Kommen versprochen hatte. Bart beschließt zeitgleich, Mythen des Schulalltags zu zerstören, während Grampa Simpson Lisa den Mythos von Pyramus und Thisbe erzählt. In seiner Darstellung verwandeln sich die Liebenden in den Maulbeerbaum. Grampa Simpson bringt Lisa und den Jungen zur sog. Maulbeerinsel, auf der ein Maulbeerbaum steht, unter dem Lisa den Jungen küssen will. Dieser erweist sich aber bei der Überfahrt und auf der Insel als feige und wehleidig, sodass Lisa von ihm ablässt. Er fährt weg und lässt Lisa allein auf der Insel zurück.

Einer Beurteilung eines Rezeptionsdokuments muss es um zwei Dinge gehen: zunächst um die Frage der Kunstfreiheit und den Begriff der Rezeption, sodann um die Gestaltung der antiken Vorlage im besonderen, aber nicht ausschließlichen Hinblick auf die Personen und den Grundkonflikt.

Schülern sind Filme und Bücher, die antike Motive behandeln, oft gut vertraut, z. B. *Troja*, *Percy Jackson* usw. Mögliche Impulse sind: Muss sich ein Rezeptionswerk in allen Punkten an die Vorlage halten? Kann es das überhaupt? Was ist der Anspruch von Rezeption? Welche Aspekte der Vorlage wären es wert, in die Moderne übertragen zu werden?

Dies leitet über zur Frage der Grundaussage eines Textes, die herauszuschälen Schülern oft schwerfällt, weil sie oft Grundaussage und Inhaltsangabe verwechseln.

Der Grundkonflikt des Mythos ist in der *Simpsons*-Episode sehr verflacht wiedergegeben, ja entstellt, da die beiden Liebenden am Ende weder sterben

Gesamtinterpretation I (Kap. 1–5)

noch zusammenkommen. Stattdessen wird ein anderes Motiv aus den *Metamorphosen*, die Verwandlung eines Menschen in einen Baum, eingearbeitet. Der Aspekt der *mora* kommt demnach überhaupt nicht vor. Die Verortung im Kontext des nicht beachteten Valentinstages kann jedoch als gelungene moderne Sicht auf den missachteten Bacchuskulttag gesehen werden.

Bei der Beurteilung der Personen können Beobachtungsaufträge hilfreich sein; zentral sind Bart, Lisa, Nick, Grampa und Marge.

Bart erscheint in der Episode unabhängig von Ovids Vorlage als Wissenschaftler, der Mythen auf Wahrheit untersucht. Dies ist eine Chance, auf die Problematik von Mythos und Logos einzugehen.

Marge begegnet im Nähtreff in gewisser Weise als Minyas-Tochter bzw. Erzählerin. Durch die Illusion wird schemenhaft die Katastrophe der Verwandlung angedeutet bzw. die Verblendung in der Hybris, allerdings ohne dass Marge selbst Teil der Verwandlung wird. Insofern wirkt die Szene aufgesetzt, da sie nur konzipiert scheint, um das Motiv des Nähens einzuarbeiten. Später liest Marge Lisa aus einem Buch vor. Sie übernimmt also auch die Rolle der Mutter, die versucht, aus Angst um die Mutter-Tochter-Beziehung einen Keil zwischen die beiden Liebenden zu treiben; dies stellt eine interessante Deutung der Leerstelle, warum die Eltern gegen die Liebe sind, dar. Homer als realer Vater tritt nicht in Erscheinung.

Lisa und Nick lernen sich im Restaurant am Wandspalt kennen, was eine gelungene Aktualisierung ist. Das Motiv der *rima* begegnet wieder in der Szene im Café, als Lisa mit ihren Handflächen ein Sichtfenster formt, das alles Schlechte ausblendet; dieses interessante Detail dürfte auch darauf zurückzuführen sein, dass Pyramus und Thisbe in ihrer Verliebtheit der Blick auf das Ganze fehlt.

Nick erscheint als gewandter Galan, der in der Literatur bewandert und speziell mit den Texten und dem Stil Hemingways sehr gut vertraut ist. Sein Auftreten und sein Stilbewusstsein scheinen von Pathos und Schwülstigkeit geprägt zu sein, weil er seinen Text nach einem Blick auf das Schild in Moe's Taverne (»All prose must be spare and true«) verwirft. Das passt zu Pyramus, auch deswegen, weil der Aspekt der Feigheit am Ende thematisiert wird. Der Charakter scheint daher gut getroffen, obgleich Nick auf der Flucht sehr ungalant und verlogen erscheint. Dies mag aber auch passen, da Pyramus bei Ovid auch negative Züge aufweist.

Lisa wird als »Thisbe« nicht gut getroffen, da bei ihr am Ende die Vernunft über die ewige Liebe siegt.

Im von Grampa erzählten Mythos sind noch folgende Dinge bemerkenswert:

Gesamtinterpretation I (Kap. 1–5)

> Der Hass der Familien wird zum Hass von Homer auf Ned Flanders, was eine sehr gute Übertragung darstellt. Im Zeichentrick wird Pyramus' Zimmer im Haus seiner Eltern gezeigt, es gleicht exakt dem Zimmer Thisbes bei Waterhouse (SB S. 9). Der Kern ist jedoch, wie beschrieben, verfehlt, da die verbotene Liebe in Grampas Version in der Vereinigung im verwandelten Baum endet, nicht im Tod, und der Hass der Eltern aufeinander bestehen bleibt. Hier bietet sich bereits ein diskreter Hinweis auf Daphne (vgl. Klassenarbeit auf S. 94 ff.) an.

F1 **Eine Tragödie!**

1. Exposition: V V. 4, 55–64 (= Kap. 1, 1–10): Personen, Orte und der grundsätzliche Konflikt werden vorgestellt: *Pyramus et Thisbe* (1); *crevit amor* (6); *vetuere patres* (7).
2. Steigender Konflikt: V V. 4, 65–90 (= Kap. 1, 11 bis Kap. 2, 10): Die Liebe lässt sich nicht verbieten, die Trennung sich immer weniger aushalten. Pyramus und Thisbe entwickeln den Fluchtplan: *magis tegitur, tectus magis aestuat* (1, 10); *statuunt* (2, 4).
3. Peripetie: V V. 4, 91–127 (= Kap. 2, 11 bis Kap. 3, 23): Die Flucht, die ihre tragische Wendung in der Entdeckung des verlorenen und nunmehr blutbefleckten Umhangs findet und in Pyramus' Selbstmord mündet: *Pacta placent* (2, 11); *Thisbe egreditur* (2, 13 f.); *pervenit* (2, 15); *Venit ecce leaena* (2, 16 f.); *fugit* (2, 20); *velamina lapsa reliquit* (2, 21); *inventos forte laniavit amictus* (2, 23 f.); *vestem sanguine tinctam repperit* (3, 3 f.); *demisit in ilia ferrum* (3, 15).
4. Retardierung: V V. 4, 128–161 (= Kap. 4, 1 bis Kap. 5, 15): Thisbe kehrt zurück, es kommt zu ihrer ersten und letzten Begegnung: *illa redit* (4, 2); *clamavit* (4, 15); *oculos a morte gravatos recondidit* (4, 18 f.).
5. Katastrophe: V V. 4, 162–166 (= Kap. 5, 16–20): Thisbes Selbstmord: *aptato pectus mucrone sub imum incubuit ferro* (5, 16 f.).

F2 **mutatas dicere formas**

1. Ovid will die Weltgeschichte vom ersten Anfang bis in seine Jetztzeit als fortlaufenden, kontinuierlichen Prozess des Wandels darstellen.
2. Er beschreibt dabei eine Verwandlung, deren Folge noch heute spürbar ist, nämlich die Farbe der Maulbeere. Zur etymologischen Verwandtschaft der Wörter *amor, mora, arbor, moros* vgl. S. 32; auch *umor* steht nah.

Gesamtinterpretation I (Kap. 1–5)

Er zeigt auf, dass in dieser Welt nichts beständig ist. Durch das Spiel mit den ähnlichen Wörtern untermalt er diese Aussage: »Bei der Schilderung der Metamorphosen kann ein Wort, das beibehalten wird, äußerlich Dauer vortäuschen, während es faktisch seine Bedeutung ändert […]. Mehrdeutigkeit, Wortspiel, tragische Ironie sind keine barocken Schnörkel, sondern sie gewinnen wesentliche Bedeutung, da Veränderlichkeit und Mehrschichtigkeit die Grundaussage des Werks bilden.«[1]

A2 Phasen der Trauer

VERENA KASTS Beobachtungen fußen auf der Arbeit von ELISABETH KÜBLER-ROSS, die über Interviews mit Sterbenden herausfand, dass sich der Prozess des Sterbens in fünf Phasen vollzieht.[2] Diese Erkenntnisse übernimmt KAST in ihren Forschungen zur Trauer, für die sie analoge Phasen postuliert.

Wurde bereits (SB S. 20, A2) antikes Trauerverhalten untersucht, kann diese Problematik nun durch ein psychologisches Modell ergänzt und erweitert werden.

Es ist zu betonen, dass Pyramus und Thisbe lediglich die ersten drei Phasen durchleben, und das in literarisch komprimierter Form. Sie schaffen es nicht, einen neuen Weltbezug ohne den anderen zu finden, und bringen sich um.

- Phase 1: Pyramus reagiert im Schock auf den Fund des Umhangs (*Nec mora*, Kap. 3, 16), Thisbe bleibt etwas zurück und wartet ab (*remorata*, Kap. 4, 10).
- Phase 2: Pyramus fordert von den Löwen den Tod (*divellite*, Kap. 3, 8), Thisbe schreit (*clamavit*, Kap. 4, 15) und zeigt Trauergesten (vgl. SB S. 20, A2).
- Phase 3: Beide bringen sich um, und zwar mit demselben Schwert.

Entscheidende Hilfe in jeder Phase des Trauerprozesses ist, dem Trauernden das Gefühl zu geben, »normal« zu sein. Wer das Gefühl hat, unnormal zu sein, wird aus Angst und Scham Trauer nicht zulassen. Er kann sie dann nicht bewältigen.[3] Es ist erwiesen, dass unterdrückte bzw. nicht bewältigte Trauer enorme Folgen für das weitere Leben hat, wobei Kinder und Jugendliche besonders sensibel sind.[4]

---

1 v. ALBRECHT (2003), 160 und 162.
2 Vgl. KAST (1999); vgl. KÜBLER-ROSS (1990).
3 Vgl. MÜLLER/SCHNEGG (2004), 19; vgl. TAUSCH-FLAMMER/BICKEL (1994), 47 f.
4 Vgl. u. a. FRANZ (2002), 84.

6 Sol und Leukothoë (Teil 1)

F1 setting #2

Mögliches Tafelbild:

Kap. 6: Die Personen

```
                    Sol
                   /|\
        Videt (4) / | \
      Indoluit (5)/ |  \ monstravit (6)
                 /  |   \
                /poenam \
                /(Kap. 7, 1)\
               ↓   |        ↓
            Mars ♥ Venus ∞ Lemnius/Iunonigena
                    ←─────────────
                   arte / nova ratione (15)
```

Um die Geschichte zu verstehen, muss deutlich werden, dass Sol Gefühle für Venus hegt und aus Eifersucht auf Mars oder allgemein aus wütender Enttäuschung darüber, dass Venus sich nicht mit ihm, sondern dem Konkurrenten trifft, den Ehebruch verrät. Die Liebesgeschichte, der die Ehebruch-Episode vorangestellt ist, ist also eine Geschichte von Rache, Eifersucht und Intrige.

Mars erscheint in der Episode passiv. Von ihm wird nur aus dem Munde Sols ausgesagt, dass er mit der verheirateten Venus schläft und sich dadurch des Ehebruchs schuldig macht, weil er um den Umstand der Ehe weiß (vgl. V. 14). Das weitere Geschehen dreht sich nur noch um die Rache der Venus. Ebenso erfolgt keine direkte Aktion Vulkans in Bezug auf Sol. Er beschuldigt ihn nicht der Falschaussage oder fragt nicht nach, woher er seine Informationen hat, d. h., er scheint zu wissen, dass Sol alles sieht, und misstraut ihm nicht. Vielmehr erweckt er den Anschein, dass er seiner Frau die Tat zutraut, und lässt in dem Moment alles stehen und liegen, in dem er von dem Ehebruch erfährt. Ohne nachzuhaken, zu zweifeln oder besonnen nachzudenken, beginnt er sofort damit, seine List gegen die beiden zu schmieden (*excidit*; *Exemplo*, 8).

6 Sol und Leukothoë (Teil 1)

F2 Forbidden love #2

Folgende Gliederung bietet sich an:
- 1–6A: Ehebruch vor Zeugen (Namen und Beziehungen)
- 6B–11: Die Rachelist des gehörnten Ehemanns (Häufung technischer Begriffe)
- 12–18A: Die List geht auf (*Ut venere*, 14).
- 18B–21: Scham (*risere*, 20; *deprensi*, 16; *notissima fabula*, 21)

Dass eine neue Geschichte erzählt wird, zeigt sich an den neuen Namen sowie der Nennung des neuen Themas: *Solis referemus amores*, 2.

Hūnc quŏquĕ, sīdĕrĕā quī tēmpĕrăt ōmnĭă lūcĕ,	Chiasmus,
cēpĭt ămōr: Sōlēm. Sōlīs rĕfĕrēmŭs ămōrēs.	Hyperbaton,
Prīmŭs ădŭltĕrĭūm Vĕnĕrĭs cūm Mārtĕ pŭtātŭr	Polyptoton,
hīc vīdīssĕ dĕūs. Vĭdĕt hīc dĕūs ōmnĭă prīmŭs.	Paronomasie, Repetitio

Die Chiasmen zeigen zusammen mit der Paronomasie deutlich, dass ein neuer Liebeskonflikt eintreten wird, und zwar der Sols, der dazu verurteilt ist, alles sehen zu müssen. Es dreht sich alles darum, dass Sol alles sieht, also auch den Ehebruch, den Venus ihm nicht verheimlichen kann; man fragt sich demnach, ob sie diesen im Wissen, dass sie entdeckt wird, als Provokation für ihren Gatten begeht.

Der Konflikt besteht jedoch auch darin, dass Venus diese Schmach nicht ungesühnt lassen, mit dieser Scham nicht leben kann. Der Auftakt, dass es um *Solis amores* geht, legt nahe, dass die Rache der Liebesgöttin nicht dem Erfinder der List und Aufdecker der Tat, also Vulkan, gilt, sondern Sol als dem Verräter. Ohne ihn hätte der Ehemann nie etwas erfahren. Man könnte hier die Frage stellen, welche Rolle hier Ehre und Verantwortung spielen:

- Ist Sol verpflichtet, dem betrogenen Ehemann den Seitensprung anzuzeigen, oder dürfte/sollte er schweigen? Handelt er aus Eigennutz/Rache oder verantwortlichem Ehrgefühl gegenüber dem Ehemann?
- Ist Venus berechtigt, sich am Verräter zu rächen, nachdem sie die Schuldige ist? Oder ist ein Seitensprung/Ehebruch keine Schuld, sondern Zeichen sexueller Autonomie?
- Ist Vulkan verpflichtet, Rache an der Ehefrau und dem Galan zu nehmen, oder dürfte er darüber hinwegsehen? Wäre ein Vergeben Zeichen von Größe oder Schwäche? Ist das Bloßstellen als Mittel recht und billig, oder gäbe es bessere Wege, die Sache zu klären?

Insgesamt zeigen viele Beispiele aus der Literatur, dass Rache erst den Weg in den Untergang besiegelt.

6 Sol und Leukothoë (Teil 1)

Es geht also auch hier wieder um eine verbotene Liebe, die allerdings nicht sittsam wie bei Pyramus und Thisbe (*Taedae iure coissent*, Kap. 1, 6), sondern *turpiter* (19) als Ehebruch (vgl. *coniunx et adulter*, 14) bzw. später als Racheaktion vonstattengeht.

F3 Heiter bis wolkig

1. Die Zusammenstellung der Adjektive und Partizipien dient dazu, die Charakterisierung vorzubereiten. Es muss daher stets auch gefragt werden, auf wen oder was jeweils Bezug genommen wird. Eine Wiederholung der dazugehörigen Grammatik- (KNG-Kongruenz, Partizipformen, Prädikativum, Steigerung, Adverb) und Stilistikthemen (Hyperbaton, Hyperbel) bietet sich, je nach Stand der Klasse, an. Daher erfolgt die Zusammenstellung der gesuchten Wörter in der Lösung zu Teilaufgabe 2.

2. Es besteht die Möglichkeit, die Charakterisierungen arbeitsteilig anfertigen zu lassen. Folgende Einteilung kann vorgegeben und dann entsprechend an der **Tafel** notiert werden:

- Sol: siderea luce (1), Videt hic deus omnia primus (4) → allsehend, man kann ihm nichts vormachen
- Vulkan: opus (7), fabrilis dextra (7), graciles ex aere catenas (8), tenuissima stamina (10 f.), momentaque parva (12), circumdata (13), vinclisque nova ratione paratis (15) → geschickter, listenreicher Erfinder
- Venus und Mars: torum in unum (14), in mediis ambo deprensi amplexibus haerent (16), iacuere ligati turpiter (18 f.) → lasterhaft, sittenlos, Ehebrecher
- restlicher Götterhimmel: non tristibus (19), in toto notissima fabula (21) → geschwätzig, sensationslüstern, klatschsüchtig

Was die Gefühle betrifft, kann man in einer weiteren Runde diskutieren:
- Sol: eifersüchtig, wütend, enttäuscht, verletzt
- Vulkan: rachsüchtig, ehrsüchtig
- Venus/Mars: beschämt, ehrverletzt

3. Es erscheint verständlich, dass Vulkan als Ehemann Rache nehmen will. Fraglich ist nur, warum Sol den Ehebruch verrät. Hegt er Gefühle für Venus? Dann wäre eine Aktion gegen Mars allein logischer. Sol muss sich also verletzt fühlen, sonst würde er sich nicht von Venus distanzieren.

6 Sol und Leukothoë (Teil 1)

F4 Kabale und Liebe

Hier zeigt sich nun der wahre Gehalt der Stelle aus der *Ars amatoria*: Das Täuschen dient dazu, zum Liebhaber zu gelangen, also den Ehemann zu hintergehen, während Thisbes Täuschung dazu dient, zum Geliebten zu kommen, also die Väter zu hintergehen.

A1 Liebe macht blind

Freie Schülerbeiträge. Berücksichtigenswürdig wären die Aspekte der ungleichen Ehe zwischen der schönen Venus und dem hässlichen Vulkan, die Liaison zwischen der Liebesgöttin und dem Kriegsgott, die »blinde« Eifersucht Vulkans bzw. des allsehenden Sol …

F5 Komposita

Die Kenntnis der Wortbildung erleichtert das Herleiten oder Erlernen unbekannter Vokabeln. Regelmäßige Wortschatzarbeit ist auch in der Lektürephase vonnöten.
- *referemus*: *re-ferre* (zurück-bringen)
- *elimat*: *e-limare* (heraus-feilen)
- *efficit*: *ex-facere* (heraus-machen)
- *circumdata*: *circum-dare* (herum-geben)
- *collocat*: *cum-locare* (zusammen-stellen)
- *deprensi*: *de-prehendere* (über-greifen)
- *inmisit*: *in-mittere* (hinein-schicken)

F6 variatio delectat

- *quoque – etiam*
- *omnia – cuncta, universum*
- *referre – narrare, commemorare*
- *putare – credere*
- *extemplo – statim*
- *dei – superi, immortales*
- *videre – conspicere, aspicere*
- *lumina – oculi*

6 Sol und Leukothoë (Teil 1)

A2 Im Bild

1. Tintorettos Bild stammt aus dem 17. Jahrhundert, was auch an der zeitgenössischen Einrichtung des Zimmers erkennbar ist.

Der Blick des Betrachters geht zentral auf die liegende Venus, die unbekleidet auf einem Bett liegt. Sie wirkt verkrampft und verstört und versucht, ihre Blöße zu bedecken. Ihr Ehemann Vulkan untersucht akribisch das Bett, auf das er sich mit dem Knie stützt. Dabei entblößt er den Unterleib der Liebesgöttin. Seinen Rücken kann der Betrachter in einem Spiegel, der an/vor der Rückwand des Zimmers angebracht ist, sehen. Am Fenster liegt (mit geschlossenen Augen, als würde er schlafen, um den Ehebruch nicht mitzubekommen bzw. um nicht aufzufallen) eine nackte Amor-Gestalt als Attribut der Liebesgöttin. Mars, in voller Kriegsmontur, versteckt sich und scheint einen Hund, der ihn entdeckt hat und verraten könnte, von sich abzulenken.

Tintoretto erfasst demnach die Szene, in der Vulkan im Zimmer steht, lässt aber die lachenden Götter weg und gibt Mars eine Chance, sozusagen »im Kleiderschrank« zu verschwinden, bevor der Ehemann ins Schlafzimmer tritt. Den Hund erfindet Tintoretto dazu, um eine Prise Witz und Spannung in die Szene hineinzubringen: Vulkan beachtet den Hund nicht, obwohl er deutlich Laut gibt, und konzentriert sich auf das Bettlaken, an dem er Beweise zu finden hofft. Hat man Ovids Geschichte im Hinterkopf, so weiß man, dass Vulkan um den Ehebruch weiß, er hat ja sogar eine List ersonnen, nur ist ihm eben Mars nicht »ins Netz gegangen«.

2. **Freie Schülerbeiträge.** Durch die klare Handlungsabfolge und das geschlossene Bild eignet sich die Geschichte hervorragend zur Gestaltung als Comic. Eine mögliche Bildfolge wäre folgende:
- Sol beobachtet den Ehebruch. (Wie genau bekommt er ihn mit?)
- Sol denkt über seine Möglichkeiten nach. (Welche?)
- Sol verrät Vulkan den Ehebruch. (Wie ist seine erste Reaktion?)
- Vulkan denkt nach. (Worüber?)
- Vulkan in der Werkstatt (Wie kommt er auf die List?)
- Vulkan baut die Falle auf. (Wie gelingt ihm das unerkannt?)
- Mars und Venus tappen in die Falle. (Wo ist Vulkan derweil?)
- Vulkan öffnet die Tür. (Wie sieht der Raum aus? Wo ist er?)
- Die Götter kommen herein. (Welche? Wer ist der *aliquis de dis non tristibus*, 19?)
- Die Geschichte wird weitererzählt. (Wo sind Mars und Venus?)

6 Sol und Leukothoë (Teil 1)

A3 Ist der Ruf erst ruiniert …

1. In beiden Fassungen wird vorausgesetzt, dass die Geschichte des Verhältnisses zwischen Mars und Venus allbekannt und Sol nicht zu verheimlichen ist. Lediglich die Zielsetzung unterscheidet sich: In der *Ars amatoria* wird Venus zunächst als leicht und lasterhaft charakterisiert, obendrein als gehässig und frustriert, da sie ihren Ehemann Vulkan wegen seines missgebildeten und von der Arbeit gezeichneten Körpers öffentlich bloßstellt und ihn auch sonst demütigt. Dies macht Vulkans Rachereaktion noch verständlicher. Sols Verhalten, den entdeckten Ehebruch zu verraten, wird verurteilt. Seine Motive bleiben auch hier im Dunkeln; es wird lediglich angedeutet, dass er aus Rivalität handelt. Ein Gentleman schweigt in einem solchen Fall. Statt Rache an der Frau, die sich einem nicht hingibt, oder an deren Liebhaber zu nehmen, soll man die Frau lieber mit seinem Wissen erpressen, um so zu bekommen, was man will. Man bekommt das Gewünschte auch nicht, indem man den Ehemann in die Sache hineinzieht und der Frau auf diese Weise schadet; man soll sich nicht in die Belange der Eheleute einmischen. Wer bereit ist, fremdzugehen, tut das immer, und ist der Ruf erst ruiniert, geht es umso besser. Denn dann weiß auch jeder, woran man bei den Betreffenden ist. Ein Verrat löst also das Problem nicht, er vergrößert es.

Im Vergleich zur *Metamorphosen*-Fassung berichtet Ovid in der *Ars amatoria* auch die Ereignisse nach der Bloßstellung vor den Göttern, nämlich dass Venus und Mars ihr Verhältnis nicht mehr verheimlichen, weil sie nichts mehr zu verlieren haben. Ovid zeigt also auf, dass Rache nicht zielführend ist.

2. An der Geschichte von Venus und Mars kommt Ovid als Meister der Liebe nicht vorbei; er beschreibt die geheimnisvolle und mitunter destruktive Kraft der Liebe, die alles auf den Kopf stellt. Im konkreten Fall wird durch die Liebe, verkörpert in Venus, sogar der Kriegsgott Mars sanft. Dieser Aspekt gehört einerseits in das Lehrwerk der Liebe, die *Ars Amatoria*, andererseits in das Epos des Wandels, die *Metamorphosen*.

3. **Freie Schülerbeiträge.** Die Geschichte eignet sich hervorragend, wenn man die Folgen von Eifersucht und Rache darstellen will. Generell ist das Spiel mit Gefühlen anderer Menschen das heikelste Spiel überhaupt, da es an den Grundfesten des Menschseins rüttelt. Die Beispiele für moderne Kontexte mögen daher auch zahlreich sein. Auch die Problematik, mit Wissen zu erpressen, sollte hier zur Sprache kommen.

7 Sol und Leukothoë (Teil 2)

F1 Liebe auf den ersten Blick

Zu diesem Sachfeld gehören, z. T. mehrfach belegt (Zitation in der Grundform):
- Augen: *lumina* (4, 11), *oculus* (8, 29)
- Sehen[1]: *cernere* (unterscheidend wahrnehmen; 6), *spectare* (aus Interesse zuschauen; 10), *figere oculos* (gebannt auf etwas blicken; 7 f.), *videre* (allgemeine Sinneswahrnehmung; 28)
- Kompositum von *specere*: *despicere* (herabblicken, verachten; 17)
- Aussehen/Anblick: *species* (32), *imago* (13), *facies* (21)

Es fällt auf, dass kein weiteres Kompositum von *specere* vorkommt. Dieser Stamm bedeutet ein bewusstes Erspähen oder gründliches Untersuchen bzw. Bewachen[2]. Die Begegnung zwischen Sol und Leukothoë soll also zufällig erscheinen und Liebe auf den ersten Blick auslösen. In Bezug auf das Mädchen fallen *spectare* und *oculos figere*, d. h. die speziellen Ausdrücke eines interessierten und eindeutigen Betrachtens, ansonsten verwendet Ovid *cernere* und *videre*, d. h. die allgemeinen Ausdrücke für die Sinneswahrnehmung.

Man könnte auch mit einer Synonymik arbeiten, um den Schülern aufzuzeigen, mit welch mannigfachen Ausdrücken Ovid spielt, wenn er den allsehenden Gott beschreibt. Dies ist insofern nicht unwichtig, als bereits in der Geschichte von Pyramus und Thisbe das (Ein-) Sehen von zentraler Bedeutung war.

Vergleicht man die drei Stellen, empfiehlt es sich, die Schüler selbst den Vergleichspunkt herausfinden zu lassen, da sie für das Sachfeld »Sehen« nun sensibilisiert sind. Die drei zu vergleichenden Stellen in Synopse:

S. 25, 1–4	3B–8A	27–29A

Gemeinsamkeit: Es handelt sich um die Beschreibung Sols als dem, der alles sieht, allerdings aus drei Perspektiven, die diesen Umstand bewerten:

---

[1] Vgl. MENGE (2007), s. v. 37: Sehen.
[2] Vgl. HINTNER (1873), s. v. *specio*.

7 Sol und Leukothoë (Teil 2)

Allgemeine bzw. neutrale Einleitung der Erzählerin:	Positive Selbstdarstellung Sols:	Negative Rede der Erzählerin an Sol:
Sol beleuchtet und lenkt die Welt.	Er sieht alles, also auch alle Mädchen, kann also Leukothoës Schönheit vergleichend und begründet beurteilen.	Er verbrennt mit seinem Licht die Welt und entbrennt selbst, er hat also keinen Nutzen, sondern schadet.
Er sieht alles als Erster.	Die Erde sieht alles dank seines Lichts, er ist also ein Gewinn und Lebensgrundlage für die Welt (*mundi oculus*: Auge der Welt und über die Welt).	Dass er alles sehen muss, ist Strafe und Pflicht für ihn.

Die Parallelen zu Ovids Verbannung drängen sich auf, da Ovids Exilliteratur in den Lehrplänen der Oberstufe häufig vorkommt.

Sieht man in den Versen eine direkte Parallele zu Ovids Biographie, die nicht zu beweisen, aber auch nicht von der Hand zu weisen ist, wäre es denkbar, dass Ovid unabsichtlich einen Ehebruch (der Kaiserenkelin Julia) beobachtet hat; sein Rat in der *Ars amatoria*, solchen niemals dem Ehemann zu melden, speiste sich dann vielleicht aus diesem persönlichen Erlebnis. Ovid schrieb die *Ars amatoria* jedoch viele Jahre vor seiner Verbannung, was den Verdacht nahelegt, dass dieses Werk nur ein vorgeschobener Grund für Augustus war, um einen politisch unliebsamen Gegner loszuwerden. Es lässt sich nicht beurteilen und nur spekulieren, inwiefern Ovid versucht hat, sich eine intime Kenntnis aus der besagten Beobachtung zunutze zu machen.[1]

---

1 Zu den Gründen für Ovids Verbannung vgl. zusammenfassend v. ALBRECHT (2003), 23–25.

7 Sol und Leukothoë (Teil 2)

F2 Herz reimt sich auf Schmerz

Mögliches Tafelbild:

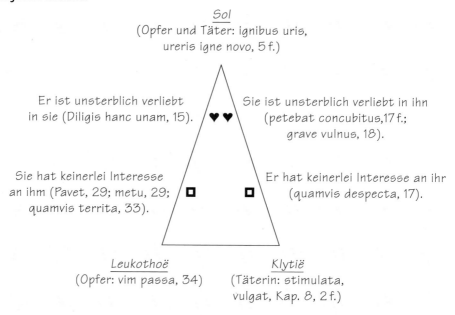

→ Der Text liefert keine Hinweise auf die Beziehung zwischen den beiden Mädchen. Zieht man aber die Venus-Mars-Episode hinzu, drängt sich folgender Befund auf: Klytië wird das sexuelle Verkehren zwischen Sol und der Rivalin herausbekommen und verraten. Dass dieses nicht einvernehmlich geschah, sondern eine Vergewaltigung war, wird im Kampf der Rivalinnen keine Rolle spielen und die Eifersucht der Verschmähten nicht verringern, sondern eher noch die Dramatik steigern.

F3 Rache

Ēxĭgĭt īndĭcĭī mĕmŏrēm Cȳthĕrēĭă pŏenăm īnquĕ vĭcēs īllūm, tēctōs quī laēsĭt ămōrēs, laēdĭt ămōrĕ părī. Quĭd nūnc, Hȳpĕrīŏnĕ nātĕ, fōrmă cŏlōrquĕ tĭbī rădĭătăquĕ lūmĭnă prōsūnt?	Apostrophe, Hyperbaton, Inversion, Parallelismus, Polyptoton, rhetorische Frage, Zeugma

Die Stilistik unterstreicht die Aussage: Gleiches muss unbedingt mit Gleichem vergolten werden. Die Umschreibung *Cythereia* für Venus könnte auf das griechische Verb *keýthō*, »(sich) verstecken«, »heimlich handeln«, hinweisen.

7 Sol und Leukothoë (Teil 2)

A1 Wenn ich könnte, würde ich …

Freie Schülerbeiträge. Stellt man die Aufgabe nach Lektüre der ersten Verse, kann man die Schülerergebnisse nach Übersetzung der ganzen Textpassage mit dem Fortgang der Geschichte vergleichen lassen. Man kann den inneren Monolog auch nach Lektüre der ganzen Einheit schreiben lassen, um zu prüfen, ob die Schüler die Textsignale richtig deuten.

F4 Gekränkte Herzen

Bereits beim Erstellen der Figurenkonstellation (F2) drängt sich der Verdacht auf, dass es einen tieferen Zusammenhang gibt, wenn es um *Solis amores* (Kap. 6, 2) geht und Sol in der Geschichte von Venus und Mars explizit nicht als Liebender ausgewiesen wird, sondern nur als Verräter, ohne dass man die Gründe für den Verrat erfährt.

Es geht mit der Textauswahl dieser Ausgabe auch darum, diese Zusammenhänge herauszustellen und gemäß Ovids Proömium die Verbindung der einzelnen *Metamorphosen* zu einem Gesamtkunstwerk zu erkennen.

Die Verbindungslinien wurden bereits durch den Versvergleich aufgezeigt (F1), nämlich die Revanche für den Verrat durch Gleiches mit Gleichem. Es muss nun also darum gehen, nachzuvollziehen, wie dies genau geschieht: Sol wird bei einem Schäferstündchen beobachtet und verraten. Venus hofft, dass Sol und Leukothoë – wie sie selbst – zum Gespött werden.

Der Unterschied wird jedoch angedeutet: Venus erfindet zwar eine List, benötigt dafür aber einen weiteren Menschen (Klytië), anstatt sich (wie Vulkan) der seelenlosen Technik zu bedienen. Das ist verständlich, ist Vulkans Eigenschaft doch diese Erfindergabe, die der Venus hingegen das Stiften von Liebe und damit auch das Manipulieren von Gefühlen. Es deutet sich an, dass es schiefgehen muss, denn ein Mensch kann nicht seelenlos funktionieren wie ein technisches Gerät.

Auch die Frage nach der Funktion des Menschen angesichts göttlichen Wirkens stellt sich hier. Hat der Mensch einen freien Willen oder ist er willenlose Marionette göttlichen/schicksalhaften Waltens? Wenn Letzteres zuträfe, wäre er der Verantwortung enthoben und könnte nicht schuldig werden, was für die Beurteilung von Schuldfragen grundlegend wäre.

7 Sol und Leukothoë (Teil 2)

F5 Ein Gentleman schweigt und genießt

Die Schüler sollen verstehen, dass Ovid Verrat verurteilt. Daher fügt der Autor die Geschichte von Mars und Venus ein, um an einem kurzen und in sich geschlossenen Beispiel zu zeigen, dass sich ein solcher immer ins Negative verkehrt und mehr Schaden als Nutzen bringt. Nun deutet sich an, aus welchen Gründen: Er zieht eine Rachespirale nach sich, die unüberschaubar wird, weil mit den innersten Gefühlen der Beteiligten gespielt wird.

Sol sieht alles als Erster, deshalb war Venus' Ehebruch mit Mars nicht zu verheimlichen (aber: Wusste sie von Sols Zuneigung zu ihr?); die Liebesgöttin kann sich diese Fähigkeit Sols aber nun für ihre List nutzbar machen: Sie kann sich absolut sicher sein, dass er Leukothoë entdeckt. Sie kann aber auch mit ihrer eigenen Fähigkeit, Liebe und Gefühle zu stiften, Klytië in Liebe zu Sol entbrennen lassen – ein perfektes Ränkespiel entsteht.

Der Vergleich mit Vergil evoziert die Erkenntnis der Schüler, bereits zu Beginn der Geschichte von Pyramus und Thisbe eine ähnliche Frage gelesen und diskutiert zu haben: *Quid non sentit amor?* (Kap. 1, 14). Man muss also nicht unbedingt Sonnengott sein, um alles zu sehen, es genügt zu lieben. Man kann einem Menschen, der einen liebt, nichts vormachen und nichts verheimlichen, ebenso wenig wie man Liebe verheimlichen oder unterdrücken kann.

A2 Freeze!

Freie Schülerbeiträge. Standbilder bauen zu lassen ist dann besonders zielführend, wenn die Beziehung zwischen Personen und deren Gefühle analysiert werden sollen. Da nicht gesprochen und auch nicht gehandelt, also zwischen den Figuren nicht interagiert, sondern eine konkrete Konstellation »eingefroren« (freeze) wird, erlaubt die Reduktion auf den reinen Moment einen besonders intensiven Blick auf die Situation.

Entsprechend wichtig ist daher die inhaltliche und methodische Vorbereitung. Es muss vorab geklärt werden, ob alle Gruppenmitglieder mitspielen oder ob es einen Regisseur gibt, ob wirklich nicht gesprochen oder jedem Schauspieler ein Wort (aber keinesfalls mehr!), das zu einem festgelegten Zeitpunkt gesagt wird, erlaubt ist. Wenn die Rahmenbedingungen feststehen, muss die Gruppe den Text gründlich bearbeiten und ggf. Leerstellen formulieren, die in die Interpretation einfließen können.

Keinesfalls unterbleiben darf eine abschließende Besprechung: Erst beschreiben und deuten die Zuschauer das Standbild, dann werden die Gruppenmitglieder nach ihren Gefühlen und ihrer Intention gefragt.

7 Sol und Leukothoë (Teil 2)

A 3 querella

Die Erzählerin beschränkt sich auf den Abl. abs. *posita* […] *querella* (34), in den sie *vim passa* einschließt, d.h., Leukothoë muss, bevor sie vergewaltigt wird, Worte der Klage an Sol richten. Diese müssen von *pavere* und *metus* (29), also dem Zagen und der Angst, bestimmt sein. Interessant wäre, wie sie auf den Umstand reagiert, dass ein Gott an sie herantritt und dass sie diesem *sine teste relicto* (26) ausgeliefert ist. Es ist bezeichnend, dass sie es nicht wagt, zu schreien, obwohl die Mutter und die Dienerinnen zumindest noch im Haus sein müssten.

Nach der Rechtsvorstellung des Alten Testaments liegt keine Vergewaltigung vor, wenn die Frau innerhalb einer Stadt missbraucht wird, aber nicht um Hilfe ruft. Man geht in einem solchen Fall von Einvernehmlichkeit aus (vgl. Dtn 22,23 f.).

Eine Diskussion über die Rolle der Frau bzw. über Stereotypen der Geschlechter (*gender*) bietet sich an dieser Stelle an.

F 6 Abl. abs.

Thalamoque […] *relicto* (26); *digitis* […] *remissis* (30); *posita* […] *querella* (34).

Interessant erscheint, welche Wendungen Ovid zwischen Partizip und Bezugswort stellt: Im ersten Abl. abs. *deus sine teste*, im zweiten *cecidere*, im dritten *vim passa*. Das ist im Wesentlichen die Zusammenfassung des tiefen Falls des Mädchens: Es ist allein, als der Gott eintritt, muss aber erkennen, dass sein Schock und seine Gegenwehr nutzlos sind.

7 Sol und Leukothoë (Teil 2)

A 4 **Mythos und Logos**

Dies wäre eine Aufgabe für ein Kurzreferat.

Im Wesentlichen dienen Mythen dazu, das Verhältnis von Welt, Mensch und Gottheit auszudeuten. Sie sollen bestimmte Phänomene in der Welt oder im Menschsein erklären, insbesondere sollen Kosmogonien das Entstehen der Welt überhaupt erklären.

Dabei wird oft ein Gegensatz zwischen Mythos und Logos gesehen, d. h., dem Mythos als Erzählung wird abgesprochen, dass er den Ansprüchen der Vernunft genügt. Hinter den bildhaften Erzählungen der Mythen, die von Götterstreit, Helden usw. handeln, steckt jedoch eine tiefere, existentielle Wahrheit, die den Menschen unmittelbar betrifft. Etwas mythisch zu verstehen darf also nicht dazu verleiten, es als nettes Märchen der polytheistischen Vorzeit abzutun, in der z. B. ein Mars mit einer Venus schläft, woraufhin alle Götter in homerisches Gelächter ausbrechen; man darf Mythen auch nicht als unwahr bezeichnen, indem man z. B. im konkreten Fall die Götter als literarische Figuren in einem netten Märchen sieht. Man muss nach der Seinsdimension, dem allgemeingültigen Sinn dahinter, fragen.[1] Es geht, um im Beispiel zu bleiben, also um die Dimension des Menschseins, das sich in der Liebe manifestiert, die aber auch größtmöglichen Raum für Verletzung und Entmenschung bietet. Ehebruch und Verrat als Vertrauensbrüche bedrohen den auf Beziehung angelegten Menschen in seinem Wesenskern.

Unzweifelhaft sind Venus und Mars keine historischen Figuren, deshalb ist auch der Ehebruch nicht wirklich geschehen; die Geschichte ist literarische Fiktion und vordergründige *Aitia* können durch die Naturwissenschaft widerlegt werden. All das tut dem Sinngehalt des Mythos aber keinen Abbruch und es lohnt, ihn zu besprechen.

In der Geschichte von Pyramus und Thisbe geht es auch darum, die Farbe der Maulbeere durch das Blut eines Sterbenden zu erklären: Das ist naturwissenschaftlich widerlegt und auf der Oberfläche ein nettes Märchen, interessanter und existentiell bedeutend ist jedoch das Problem, dass die Verzögerung in der Liebe so großes Leid hervorruft.

Für die aktuelle Geschichte liefert die Erzählerin selbst die Liebe als Generalschlüssel zum mythologischen Verständnis der Episode: *Facit amor iste* (14), wobei das pejorative *iste* im Hinblick auf die von Venus aus Rache gestiftete Liebe zu beachten ist.

---

1 Vgl. zu Tillichs Mythosbegriff kompakt Höpting (2013).

7 Sol und Leukothoë (Teil 2)

Phänomen	Mythische Erklärung	Naturwissenschaftliche/ logische Erklärung
Modo surgis Eoo temperius caelo, modo serius incidis undis (8Bf.) → Veränderte Sonnenauf- und untergangszeiten	Sol ist verliebt. Nicht erklärbare Himmelsphänomene werden toposhaft als himmlische Ankündigung großer Ereignisse gedeutet (z. B. der »Stern von Bethlehem« bei Jesu Geburt)	Bewegung der Erde um die Sonne auf einer leicht elliptischen Bahn
spectandique mora brumalis porrigis horas (10) → Die Dauer von Tag und Nacht ist nach Jahreszeiten unterschiedlich lang.	Sol will länger nach Leukothoë schauen.	Neigung der Erdachse
Deficis interdum, vitiumque in lumina mentis transit, et obscurus mortalia pectora terres. Nec, tibi quod lunae terris propioris imago obstiterit, palles (11–14) → Sonnen- und Mondfinsternisse	*Facit hunc amor iste colorem* (14)	Konstellation von Sonne, Mond und Erde

Es muss also darum gehen, »Logik« neu zu verstehen: Es geht um die Seinsdimension »Liebe«, die Menschen zu Verhaltensweisen bewegt, die man von ihnen nicht kennt. Naturwissenschaftlich lässt sich das gewiss mit Hormonen usw. erklären, aber nicht in der Tiefe ergründen.

7 Sol und Leukothoë (Teil 2)

A5 Rache ist süß!?

Freie Schülerbeiträge. Vulkan legt es mit seiner Taktik darauf an, die Rache öffentlich zu machen. Er tritt offen auf, als er die beiden *in flagranti* erwischt, und macht die Tat den anderen Göttern gegenüber auch öffentlich.

Venus hingegen rächt sich nicht an Vulkan, dem Urheber der Bloßstellung, sondern am Verräter Sol. Sie scheint durchaus Einsicht in ihr Fehlverhalten erlangt zu haben. Sie bestraft weniger den Ehemann, der ja in gewisser Weise im Recht ist und dem moralischer Ausgleich für Venus' Schuld als Ehefrau zusteht. Vielmehr bestraft sie Sol für den Verrat, da sie ihm gegenüber keine Schuld sieht; schließlich ist sie ihm hinsichtlich ihres Sexuallebens keinerlei Rechenschaft schuldig und Sol würde sich auch nicht dafür interessieren, wenn er kein Auge auf sie geworfen hätte.

8 Sol und Leukothoë (Teil 3)

F1 Charakterisierung

Klytië:
- neidisch (*Invidit*, 1)
- wahnsinnig vor Liebe zu Sol (*neque moderatus in illa Solis amor* (1 f.); – *dementer amoribus usa*, 19)
- zornig (*stimulata paelicis irā*, 2)
- Verräterin (*indicium*, 17)
- → Zuerst aktiv, obgleich im Affekt, dann zu Passivität verurteilt (*radice tenetur*, 29)

Leukothoë:
- Nymphe (*nympha*, 11; *Nympharum*, 20)
- Opfer der Vergewaltigung (*invitae*, 6)
- → völlige Passivität/Ohnmacht von Anfang bis Ende

Leukothoës Vater:
- unbeherrscht (*ferox inmansuetusque*, 4)
- ehrsüchtig (begräbt Tochter lebendig: *defodit alta humo*, 6 f.)
- grausam (*crudus*, 7)
- → grausame Aktivität

Sol:
- Sonnengott (*auctor lucis*, 17 f.)
- Vergewaltiger (*Ille vim tulit*, 5 f.)
- mitleidig mit Opfer (*Dissipat* usw., 8 ff.)
- → Aktivität, aber Marionette der Rache der Venus

→ Bei allen Beteiligten zeigt sich die Rolle der Gefühle und Affekte beim (menschlichen) Handeln. Die Erzählerin selbst bekennt, dass Klytiës Handeln mit ihrem Schmerz und ihrer Liebe zu entschuldigen ist, aber dennoch sind die Folgen für die völlig unbeteiligte und passive Nymphe, die in Venus' Racheplan nur eine Schachfigur ist, dramatisch.

8 Sol und Leukothoë (Teil 3)

A1 Väter und Töchter

Lucretia ist *die* Frau der römischen Geschichte. Sie unterscheidet sich von Leukothoë dadurch, dass sie sich selbst umbringt, um nicht in Schmach weiterleben zu müssen. Der antike Leser hatte diesen Mythos wahrscheinlich im Ohr, als er von Leukothoës Vergewaltigung las.

Dann muss ihn das Verhalten des Vaters der Leukothoë befremdet haben, denn Lucretias Vater handelt liebend. Wie auch bei Pyramus und Thisbe erscheint Leukothoës Vater ambivalent. Gewiss hatte der *pater familias* große Verfügungsgewalt über die Kinder, die bis zur Kindestötung als Strafe reichte. Erst im vierten Jahrhundert unter dem Einfluss des Christentums wurde diese verboten. Auch Kindesopfer für die heidnischen Götter sind in früher christlicher Zeit Roms noch üblich (vgl. Tertullian, *Apol.* 9, 2). Auch durften (bzw. sollten) neugeborene Kinder ausgesetzt werden, wenn sie, vor allem wegen Missbildung oder des Verdachtes, die Mutter sei fremdgegangen, vom Vater nicht angenommen wurden. Das Verhalten des Vaters der Leukothoë wird von der Erzählerin jedoch sowohl hinsichtlich seiner Beurteilung des Tatbestands als auch seiner Strafe verurteilt: Lebendig begraben zu werden übersteigt die Vorstellungskraft und entbehrt jeder vernünftigen Grundlage. Es geht dem Vater ausschließlich um die Familienehre, für deren Wahrung es unerheblich ist, ob das Mädchen Opfer ist oder der Akt einvernehmlich geschah. Dies hatte Venus mit Sicherheit berechnet, als sie Leukothoë als Objekt der Begierde Sols auswählte. Sie straft damit Sol, der um die getötete Geliebte trauern muss.

Es bietet sich hier an, Bezüge zu aktuellen Phänomenen wie »Ehrenmorden«, »Familienehre« usw. herzustellen.

Vertiefend und ergänzend zu Leukothoës Verwandlung wäre eine paraphrasierende Lektüre der Geschichte von Phaëthon Gewinn bringend: Dieser wird ebenso von der Macht der Sonne vernichtet und von (seinem Vater) Sol betrauert (ebenso Ikarus, dessen Flügel der Hitze der Sonne nicht standhalten und der nach seinem Tod von seinem menschlichen Vater betrauert wird). Man kann die Geschichten im Hinblick auf die Rolle der Vater-Kind-Beziehung (Gehorsam, Schuld, …), auf die Frage der Hybris, der Störung des Kosmos usw. lesen.

Um Klytiës Verwandlung zu vertiefen, wäre eine Lektüre der Geschichte von Apoll und Daphne denkbar. Hier endet Apolls Begehren, als nach Daphnes Verwandlung in einen Baum durch die Eltern eine Erfüllung undenkbar wird. Apoll ersinnt stattdessen Formen des ehrenden Andenkens.

8 Sol und Leukothoë (Teil 3)

> Auch hier geht es um Vater-Kind-Beziehung, die Frage nach unerfüllter Liebe, Schuld …
> Vgl. den Vorschlag für die Klassenarbeit auf S. 94 ff.

F2 Verwandlung #2

Erneut beschreibt Ovid Phänomene aus der Flora mit dem Schicksal unglücklich Liebender. In der ersten Liebesgeschichte, der von Pyramus und Thisbe, ging es um die Farbe der Maulbeeren, die ursprünglich rein weiß gewesen sein sollen, in der zweiten Liebesgeschichte, der um Sol und Leukothoë, geht es nun um zwei Pflanzen, den Weihrauch (*Virga turea*, 14 f.) und eine veilchenartige Pflanze aus der Gattung Heliotrop (*violae simillimus*, 28; *vertitur ad Solem*, 30).

Ferner werden die Personen selbst verwandelt. In Zusammenschau zeigt es sich so:

Verwandlung 1: Leukothoë	Verwandlung 2: Klytië
wird zu Weihrauch (*Virga turea*, 14 f.)	wird zu einem Heliotrop (*vertitur ad Solem*, 30)
Opfer: Vergewaltigung (*Ille vim tulit invitae*, 5 f.)	Täterin: Verrat/Verleumdung (*indicat*, 4; *indicium*, 17)
Sol ist Urheber der Verwandlung: Er hat Mitleid. (*iterque dat tibi*, 8 f.)	Der Urheber wird nicht explizit benannt: Sol ignoriert sie, sie muss sich auf ewig nach ihm recken. (*vertitur ad Solem*, 30; *servat amorem*, 30)
→ Verwandlung als Erlösung (*inbutum caelesti nectare corpus deliciut*, 12 f.)	→ Verwandlung als Strafe (*Tabuit ex illo dementer*, 19)

Dass nicht letztgültig geklärt werden kann, welche Pflanzen Ovid genau meint, eröffnet die Chance, schnell zu einem neuen mythischen Verständnis zu kommen. Beschrieben werden eine weihrauchartige Pflanze, für die ein duftender Saft charakteristisch ist, sowie eine Pflanze aus der Gattung des Heliotrops, deren Blätter sich dem Sonnenlauf folgend wenden können.

Die Geschichte liefert also je eine Ätiologie für diese Phänomene und beschreibt das tiefe Sehnen nach Liebe, das sehr schmerzt, wenn es nicht erfüllt wird. Verschmähte Liebe ist eines der Grundmotive für Rache und kann entmenschend wirken.

8 Sol und Leukothoë (Teil 3)

F3 **Klytiës Rache**

Auch während der Lektürephase muss das genaue syntaktische Analysieren kontinuierlich trainiert werden. Wegen der Hyperbata lauern »Bezugsfallen« und hier kommen als weitere Erschwernisse die Häufung der Endung -*a*, die drei Prädikate zum Subjekt Clytie und das substantivierte Partizip als Objekt hinzu. Zu bedenken sind auch die Genitive, zu deren Erkennung als *genitivi obiectivi* die syntaktische Analyse ebenso verhelfen kann.

- *Invidit* (P1) *Clytie* (S) *stimulataque* (Attr. zu Clytie) *paelicis* (Attr. zu ira) *irā* (Adv.) *vulgat* (P2) *adulterium* (AO1) *diffamatamque* (AO2) *parenti* (DO) *indicat* (P3).
- *Neque enim in illa* (Adv.) *Solis* (Attr. zu amor) *amor* (S) *moderatus fuerat* (P mit PN).

Klytiës Verhalten ist ein Racheverhalten, das sich auf die Rivalin richtet, d. h., sie versucht, diese auszuschalten, um an den Geliebten zu kommen. Inwiefern sich dieser allerdings durch solches Verhalten beeinflussen lässt, bleibt offen. Klytië jedoch sieht in ihrer Verblendung nur noch die Konkurrentin. Vom Einfluss der Göttin Venus ahnt sie nichts. So oder so wird sie also mit ihrem Tun nichts erreichen.

F4 **Sols Rache**

Āt Clўtĭēn, ³| quāmvīs ⁵| ămŏr ēxcūsārĕ dŏlōrĕm indĭcĭŭmquĕ dŏlōr ⁵| pŏtĕrāt ⁷|, nōn ᴮᴰ| āmplĭŭs āuctŏr lūcĭs ădīt ³| Vĕnĕrīsquĕ ᴷᵀᵀ| mŏdūm ⁷| sĭbĭ ᴮᴰ| fēcĭt ĭn īllā. Tābŭĭt ēx ³| īllō ⁵| dēmēntĕr ămōrĭbŭs ūsā;	Alliteration, Chiasmus, Homoioteleuton, Polyptoton, Zeugma (hier mit Elision)

Zeugma und Chiasmus unterstreichen die tragische Verkettung der Umstände, die eine Schuld- und damit eine Rachebeurteilung erschweren.

Zentral hervorgehoben durch Trit- und Penthemimeres wird *quamvis*, d. h., es werden mögliche Entlastungen Klytiës aufgezeigt. Pent- und Hephthemimeres betonen *poterat*, die Entschuldigung wäre also durch den Liebesschmerz möglich gewesen.

Generell fällt die Fülle von Einschnitten, darunter auch Bukolische Dihärese (BD) und Kata triton trochaion (KTT), auf. Sie betonen *modum* und *non*, also das strikte Nein Sols gegenüber Klytië, deren maßlose Liebe (1 f.) ignoriert wird. Sol spielt demnach wie Venus mit Gefühlen. Seine Rache wird, wie der Befund zeigt, als unbillig und maßlos beurteilt.

8 Sol und Leukothoë (Teil 3)

F5 love hurts

Folgende Emotionen bestimmen das Geschehen: Neid (*Invidit*, 1), Liebe (*amor*, 2 u. a.), Zorn (*ira*, 2).

Bereits für die Charakterisierung (F1) war eine Übersicht über die Gefühle wichtig, nun geht es um die Vertiefung, denn die Schuldfrage ist uneindeutig (F4).

Am Beispiel des Zorns lässt sich der Bezug zum Leitthema *mora* belegen (der Begriff war nach der Geschichte von Pyramus und Thisbe bereits in Text 7 erneut gefallen: *spectandi mora*, 10): Zorn ist nach Seneca bzw. Aristoteles der Wunsch, Leid heimzuzahlen, also das Bestreben, Strafe zu fordern; er beinhaltet aber nicht unbedingt die reale Möglichkeit, dies zu tun. Zorn kann also schwelen, wenn man nicht die Möglichkeit hat, ihn auszudrücken. *Mora*, also ein zeitlicher Aufschub, empfiehlt sich, denn mitunter legt sich Zorn von selbst. Eine überstürzte Aktion jedoch aus dem Affekt heraus ist unumkehrbar (vgl. Pyramus). Dies bedeutet, Zorn am besten niemals aufkommen zu lassen, denn der frische Zorn ist unkontrollierbar, der alte verraucht und gibt der Vernunft wieder Raum zum Urteil.

Ähnlich wie Aristoteles sieht auch Laktanz das Problem des Zorns. Er stand vor dem Problem, die *ira Dei* erklären zu müssen: Er kommt zu dem Schluss, für den allliebenden Gott sei Zorn Ausdruck des Antriebs zur Verbesserung.

Die Geschichte von Sol und Leukothoë ist also in gewisser Weise auch wie die vorangehende ein Lehrstück über die schlimme Wirkung überstürzter Handlung. Die Gefühle, in der ersten Geschichte die Liebe des Pyramus, der alleine und in vermeintlicher Schuld nicht leben will, und die der Thisbe, die auch nicht alleine leben will, hier nun der Zorn, der eine Affekthandlung gebiert, stehen mitunter dem kritischen Urteil der Vernunft im Weg. »Der Mensch kommt nicht als Vernunftwesen zur Welt, er ist, wie Kant sagt, kein *animal rationale*, sondern ein *animal rationabile*. Er wird, wieder Kant, Mensch erst durch Erziehung. Vernünftig zu sein ist eine Leistung hoher Disziplin. […] Vernünftige Erkenntnis, d. h. objektive, verlangt Abstand. In der Selbstbestimmung des Menschen zum Vernunftwesen grenzt er von sich ab und aus sich aus: die Phantasie, die Gefühle, das Begehren und die Natur.«[1]

---

1 BÖHME (2012), 12 f.

8 Sol und Leukothoë (Teil 3)

A2 Gelb vor Neid

Klytiës Verhalten wird eindeutig mit *Invidit* (1) bezeichnet, *ira* als Stimulans ausgemacht (*stimulataque paelicis ira*, 2). Das Mädchen versucht also nicht, eigene Defizite hinsichtlich der Attraktivität für Sol auszugleichen oder Ausgleich einzuklagen – wahrscheinlich hat sie es oft genug probiert, ohne dass sie Sol in seinen *multarum oblivia* (Kap. 7, 19) beachtet hätte. Der Zorn hindert sie jedoch, sich in ihr Schicksal zu fügen. Ihr bleibt nur das feindselig-schädigende Verhalten. Schaden kann sie der Rivalin jedoch nur durch den Verrat an den Vater.

Die von Seneca geforderte *mora* (F5) hätte wohl bewirkt, dass sich Klytiës Zorn gelegt hätte und sie zu der Einsicht gekommen wäre, dass es Sols Wille ist, Leukothoë zu lieben (von Venus' Einfluss wird sie nichts ahnen). Würde sie Sol wirklich lieben, würde sie ihm seine Liebe gönnen. Ihr geht es nämlich nicht um Rache für die Vergewaltigung, sondern um Schädigung der Rivalin, wie der Ausdruck *moderatus* (1) belegt: Ihre Liebe zu Sol ist nicht nur grenzenlos, sondern auch maßlos, und dadurch wird auch das Maß des Zorns überschritten. Damit verstößt Klytië sowohl gegen das aristotelische Gebot der Mäßigung von Gefühlen als auch gegen das stoische Gebot, diese als Krankheit der Seele, die ein vernünftiges Urteil unmöglich macht, auszulöschen.

Gesamtinterpretation II (Kap. 6–8)

Rückblick und Vertiefung

F1 to be continued

Zwischen dem Ende der ersten und dem Beginn der zweiten Liebesgeschichte stehen lediglich die folgenden zwei Verse (*Met.* 4, 167 f.):
Desierat. Mediumque fuit breve tempus, et orsa est
dicere Leuconoe. Vocem tenuere sorores.
Es erfolgt also keine Stellungnahme, Reaktion o. Ä. seitens der zuhörenden Minyas-Töchter.

Die Verknüpfung zur vorangehenden Liebesgeschichte erfolgt über *Hunc quoque cepit amor: Solem* (Kap. 6, 1 f.). Das Wörtchen *quoque* zeigt die Aufnahme des Themas »Liebe«. Die Ausgangslage ist in beiden Geschichten jedoch unterschiedlich: Verlieben sich mit Pyramus und Thisbe zwei Menschen ineinander, so ist es in der zweiten Geschichte ein Gott, der sich verliebt. Im Gegensatz zur ersten Geschichte ist die hier beschriebene Liebe von Anfang an unglücklich, da sie nicht erwidert wird. In beiden Episoden endet die Liebe in der Katastrophe, beide Male stirbt das Mädchen auf grausame Weise. In der ersten Geschichte stirbt auch der Junge. Die Götter[1] erbarmen sich in der Erzählung von Pyramus und Thisbe der beiden Menschen (vgl. Kap. 5, 18), in der Leukothoë-Episode hingegen wird der Gott zum Täter. In beiden Liebesgeschichten spielen Väter eine grausame Rolle, die Mütter bleiben weithin unbeachtet. In beiden Erzählungen entsteht die Katastrophe aus vorschnellem Handeln: In der ersten gibt es zu viel *mora*, in der zweiten zu wenig.

F2 Anfang und Ende

Entscheidend muss die Frage sein, ob **Sol**, der zu Beginn der Verräter war, aus dem Verrat an seiner Geliebten etwas gelernt hat. Er war von Venus' Untreue tief getroffen (*Indoluit facto*, Kap. 6, 5) und wurde von Venus mit Liebeswahn bestraft (vgl. u. a. Kap. 7, 6: *ureris*). Gleichwohl hat er am Ende Mitleid mit Leukothoë und tut alles in seiner Macht Stehende, um ihr die Qual zu erleichtern (vgl. u. a. Kap. 8, 12 f.). Eine Aussöhnung mit Venus erfolgt jedoch nicht. Sol ist als tragische Figur zu beurteilen, weil er zwar in vollem Bewusstsein handelt und dadurch schuldig an dem Mädchen wird, aber im Moment der Tat durch Venus' Kraft verblendet ist.

---

1 Zur Funktion der Götter bei Ovid vgl. allgemein KUHLMANN (2007).

Gesamtinterpretation II (Kap. 6–8)

Was **Klytië** angeht, muss auch die Frage gestellt werden, ob sie gelernt hat, dass Verrat zu Leid führt. Sie wirkt zu Beginn kraftvoll (*stimulata*, Kap. 8, 2), am Ende schlaff (*Tabuit*, Kap. 8, 19) und gefesselt (*radice tenetur*, Kap. 8, 29). Die einzigen Bewegungen, die ihr bleiben, sind abhängig von Sols Himmelswanderung. Selbst wenn sie also die richtige Lehre gezogen hat, ist sie fortan zur Untätigkeit verurteilt. Sie ist auch eine tragische Figur, die bewusst handelt und bewusst schuldig wird, aber im Moment ihrer Entscheidung durch ihre Affekte verblendet ist (*Invidit*, Kap. 8, 1; *ira*, Kap. 8, 2).

Leukothoës Passivität löst sich nicht auf. Sie wird erst zum Opfer Sols und dann zum Opfer ihres Vaters. Erst nach der Verwandlung gelingt ihr der Durchbruch im echten Sinne des Wortes (*promere*, Kap. 8, 9; *rupit*, Kap. 8, 15), zuvor bleibt ihr nur *vim passa* (von Sol, Kap. 7, 34) und *defodit/defossos* (vom Vater, Kap. 8, 6/9). Für sie ist die Verwurzelung demnach Möglichkeit des Lebens, für Klytië der Fesselung. Sie ist daher als Marionette im göttlichen Ränkespiel zu beurteilen, der kein Spielraum bleibt.

A 1 **Schuld und Sühne**

A 2 **Perspektivenwechsel**

Freie Schülerbeiträge. Es ist bezeichnend, dass Venus nicht mehr auftritt und nur im Zusammenhang mit Sols Rache in der Wendung *Venerisque modum sibi fecit in illa* (Kap. 8, 18) genannt wird.

9 Hermaphroditus und Salmakis

F1 Aller guten Dinge sind drei

Die dritte Liebesgeschichte schließt wieder fast nahtlos an (vgl. S. 69, F1). Zwischen dem Ende der zweiten und dem Beginn der dritten stehen im Original lediglich diese Verse (*Met.* 4,271–276):

Dixerat. Et factum mirabile ceperat auris.
Pars fieri potuisse negat, pars omnia veros
posse deos memorant. Sed non est Bacchus in illis.
Poscitur Alcithoe, postquam siluere sorores.
Quae radio stantis percurrens stamina telae
[…] dixit […]

Nach einem kurzen Geraune über Sinn und Unsinn der zweiten Geschichte hebt sofort die dritte Schwester an. Im Gegensatz zu der noch kürzeren Überleitung von der ersten zur zweiten Geschichte wird hier jedoch die harsche Kritik an Bacchus deutlich, den die Schwestern nicht zu den *veri dei* zählen. Es sei daran erinnert, dass die Schwestern seine Kultfeier boykottieren und lieber an ihren Webstühlen weiterarbeiten.

Salmakis ist als im Ruf der Verweichlichung stehende Quelle schon vor Ovid bekannt.

Beim »Gruppenpuzzle« wird die Klasse zunächst in drei Stammgruppen (1, 2 und 3) eingeteilt. Diese bearbeiten ihre jeweiligen Aufgaben. Stammgruppen (bei 18 Schülern): 111111 – 222222 – 333333.

Im nächsten Schritt werden Mischgruppen gebildet, die aus jeweils einem Mitglied der ehemaligen Stammgruppen bestehen. Dadurch ist in jeder Mischgruppe ein Experte für einen Textabschnitt, so dass die neu gebildeten Mischgruppen den gesamten Text bearbeiten können. Mischgruppen (bei 18 Schülern): 123 – 123 – 123 – 123 – 123 – 123.

In einer Plenumsrunde werden die Gruppen aufgelöst und die Ergebnisse im Unterrichtsgespräch diskutiert.

Stammgruppe 1

1. Die Geschichte erklärt, warum die Quelle Salmakis die Menschen verweichlicht. Als ursächlich wird der Besuch des Göttersohnes Hermaphroditus genannt, der dies als Strafe für das ihn überforderndes Verhalten der über alles in ihn verliebten Nymphe Salmakis fordert.
Hermaphroditus ist der Sohn von Hermes und Aphrodite (so erklärt sich sein Name) und sieht ihnen ähnlich. Er wuchs im Ida-Gebirge auf und ist

9 Hermaphroditus und Salmakis

fünfzehn Jahre alt. Er wird als abenteuerlustig und als pubertär im Sinne der Emanzipation von seinen Eltern gezeichnet.

2. Dadurch dass eine *praeteritio* ausführlich beschreibt, was angeblich *nicht* erwähnt werden soll, werden die Ausführungen besonders betont. Die *praeteritio* (*Met.* 4, 276–284) enthält:
   - die allbekannte (*vulgatos*, 276)[1] Verwandlung des Hirten Daphnis; diese geschieht
     - aus unglücklicher Liebe (*amores*, 276; *dolor*, 278; vgl. Pyramus und Thisbe!);
     - durch eine Nymphe (*nymphe*, 277);
     - aus Eifersucht auf Geliebte (*paelicis ira*, 277; vgl. Sol und Leukothoë!).
   - Verwandlung in Stahl (Kelmis, 281 f.)
   - Verwandlung in Blumen (Krokon und Smilax, 283 f.; vgl. Leukothoë und Klytië!)

→ Diese Verwandlungsgeschichten sind inhaltlich aus den vorigen Geschichten bekannt.

Außerdem geht es in der *praeteritio* um:
   - Sithon: Geschlechtswandel (280; führt zur neuen Geschichte)
   - Kureten (282)

Die Minyas-Tochter erzählt in der *praeteritio* also, was sie als allgemein bekannt bezeichnet und was inhaltlich von den anderen Mädchen behandelt wurde. Außerdem deutet sie an, was in ihrer Geschichte folgen wird. Die *praeteritio* soll also genau das betonen, worum es in der Geschichte geht: eine emotionsgeladene Liebesgeschichte, die als neuen Aspekt die Grenzen zwischen den Geschlechtern auflösen wird.

Stammgruppe 2

1. Der Text erzählt von einer Nymphe, die dem Klischee zum Trotz nicht zum Jagen geht, dafür aber in wilder Liebe zu einem fünfzehnjährigen Jungen entbrennt. (Damit ist sie ein Gegenbild zur Nymphe Daphne, die jungfräulich leben und sich allein der Jagd widmen will.) Sie spricht ihn an, will in jedem Fall eine Form von sexueller Beziehung, er aber ziert sich aufgrund seines Alters und seiner Unerfahrenheit.

---

[1] Hinweis: Im Schülerband findet sich nur die Übersetzung. Die lateinischen Belege dienen der Lehrkraft. Bei leistungsstarken Gruppen wäre es aber denkbar, den lateinischen Text dazuzugeben.

9 Hermaphroditus und Salmakis

2. Salmakis tritt sehr forsch und fordernd auf. Insgesamt wirkt sie sehr pubertär in ihrem Verhalten: Sie hat keine Lust, ihren Aufgaben nachzugehen; sie ignoriert die Aufforderungen ihrer Schwestern. Dafür legt sie viel Wert auf die Pflege ihres Äußeren und interessiert sich für das andere Geschlecht. In ihrer Rede beginnt sie mit Komplimenten. Sie häuft Ausdrücke für Glück. Sie lässt aber auch deutlich ihr Interesse spüren. Ihre Schmeicheleien gipfeln in dem Wunsch, die Verlobte des Jungen zu werden. Sie wäre aber auch mit einem heimlichen Verhältnis zufrieden, was bemerkenswert ist, weil die zweite Minyas-Tochter ja gerade von den Gefahren erzählt hatte, die entstehen, wenn eine *paelex* im Spiel ist (vgl. Kap. 8, 1–4). Da der Junge jedoch gerade erst fünfzehn Jahre alt ist und noch keinerlei Erfahrungen mit Liebe und Sexualität hat, muss ihn ein solches Verhalten überfordern.
Eine Übertragung in Umgangssprache ist nicht einfach, da bereits das Original sehr kolloquial gehalten ist, was die Übersetzung nachzuahmen versucht. Sie bietet aber die Möglichkeit, über die Unterschiedlichkeit der Lebenssituationen und -erfahrungen der Schüler ins Gespräch zu kommen.

Stammgruppe 3

1. Die Passage handelt von der Verwandlung des Jungen, der sich bis zuletzt gegen die Avancen der Nymphe wehrt. Diese erwirkt jedoch bei den Göttern die Vereinigung als Zwitterwesen, woraufhin der Junge bei seinen göttlichen Eltern erreicht, dass dieses Schicksal jedem widerfährt, der in die Quelle steigt. Der Text zeigt die Klimax von Werben und Annähern. *Mora* wird wieder zum Stichwort: Die Nymphe will den Jungen sofort, muss sich aber gedulden, da er zu schüchtern und unerfahren ist. Als dieses Warten für sie unerträglich wird und die Lust sie übermannt, stürzt sie sich auf den Jungen. Die gesamte Szene ist erotisch aufgeladen, die Klimax entspricht der Luststeigerung des Mädchens und dem zunehmenden Mut des Jungen und erreicht ihren Höhepunkt in dem Moment, in dem sich Salmakis auf Hermaphroditus stürzt.

2. Die Häufung der Ausdrücke auf Salmakis' Seite zeigt deren Übermacht, der Hermaphroditus ausgeliefert ist.[1]

---

1 Die lateinischen Begriffe werden für die Lehrkraft geliefert. Die Versangaben beziehen sich auf *Met.* 4.

9 Hermaphroditus und Salmakis

Salmakis' Begehren	Hermaphroditus' Abwehr
• *cupidine exarsit* (346 f.) • *flagrant lumina* (347) → Die Leidenschaft/Lust kommt auf.	• *de tenero corpore* (345; Unreife) • *mollita* (381; *mollis* geht in Richtung Homosexualität.) → Wesenhafte Indisponiertheit
• *vixque moram patitur* (350) • *vix iam sua gaudia differt* (350) • *se male continet amens* (351) • *sperataque gaudia* (368) → Sie kann nicht an sich halten.	
• *vicimus* (356) • *meus est* (356) • *subiectat* (359) • *premit* (369) • *commissa* (369) • *inhaerebat* (370) → Dominanz	• *pugnantem* (358) • *luctantiaque oscula* (358) • *invitaque pectora* (359) • *Perstat* (368) • *denegat* (369) → Abwehrkampf
→ Gefühl der Lust und Leidenschaft. Fraglich ist, ob sie dabei echte Liebe empfindet.	→ Gefühl der Unsicherheit, des Unwohlseins und der Bedrängtheit

3. Entscheidend ist, dass sich die Nymphe die Vereinigung mit dem Jungen anders vorgestellt hat. Sie ist nun zwar auf ewig verbunden und vereint mit Hermaphroditus, aber eben nicht im sexuell-ekstatischen Sinne, wie sie es sich gewünscht hatte.

Eine Zusammenschau zeigt, dass die meisten Begriffe aus dem Bereich der Doppelgeschlechtlichkeit stammen; Ausdrücke aus dem Kontext Weiblichkeit sind rar.

Zweigeschlechtlichkeit

- *mixta duorum corpora* (373 f.)
- *facies una* (374 f.)
- *nec duo sunt et forma duplex* (378)
- *neutrumque et utrumque* (379)
- *biformis* (387)
- *uterque parens* (387)

9 Hermaphroditus und Salmakis

Weiblichkeit	Männlichkeit
- *femina* (378)	- *puer* (379)
- *genetrix* (384)	- *nato* (383)
	- *vir* (380)
	- *semimarem* (381)
	- *semivir* (386)
	- *pater* (384)

Mischgruppen

1. Die Episode zeigt einen klaren Aufbau, der (wie die Geschichte von Pyramus und Thisbe) an eine Tragödie erinnert[1]:
   - **Exposition:** Darstellung der Figuren
   - **Konfliktverschärfung:** Salmakis versucht, an den Jungen heranzukommen; dieser ist aber zurückhaltend. Parallel zur Abnahme seiner Hemmungen steigt ihre Lust an.
   - **Peripetie:** Als er sich endlich überwinden kann und nackt in die Quelle steigt, ist ihre Lust auf dem Höhepunkt: Sie fällt über ihn her.
   - **Retardierung:** Salmakis' Bitte und die Verwandlung der beiden zu einem Wesen
   - **Katastrophe:** Dieses Schicksal wird allen Männern zuteil, die in die Quelle steigen.

Es ist bezeichnend, dass die Verwandlung nicht mit der Verwandlung der handelnden Personen endet und abgeschlossen ist (vgl. Daphne), sondern sich immer noch (und in der Fiktion bis heute) wiederholt. Dies erklärt sich aus dem Umstand, dass kein statisches Phänomen (z. B. die Farbe von Früchten oder Pflanzen) beschrieben werden soll, sondern ein Prozess, nämlich die Verweichlichung durch Kontakt mit Quellwasser.

Die Verwandlung betrifft demnach auch völlig Unbeteiligte, nämlich die Männer, die in die Quelle steigen; das ist die eigentliche Katastrophe.

---

[1] Da der Text gekürzt abgedruckt ist, ist eine genaue Versangabe nicht möglich.

9 Hermaphroditus und Salmakis

2.

Salmakis	Hermaphroditus
Quellnymphe	Sohn zweier Götter (Hermes und Aphrodite)
ortsansässig (*colit*, 302)¹	reiselustig (*errare/videre gaudebat*, 294 f.)
wohnt in Quelle	wohnt in den Bergen (*montes*, 292)
träge, lustlos (*otia*; *nec*; *nec*; *nec*, 307–309)	aktiv, neugierig (*studio minuente laborem*, 295)
leidenschaftlich, keck (*optavit habere*, 316; *properabat adire*, 317)	unerfahren, schüchtern (*nescit, quid amor*, 330)

3. Der Junge will sich rächen. Die Rache zielt allerdings nicht auf Salmakis, die Urheberin seines Unglücks, sondern auf völlig unbeteiligte Männer in allen Zeiten.
An dieser Stelle wäre ein Rückgriff auf den Rachebegriff lohnenswert (vgl. SB S. 33, A5): Es geht dem Jungen nicht darum, Strafe für Salmakis' Verhalten zu erlangen. Vielmehr will er für alle Zeiten ein Zeichen setzen und auf sein Schicksal aufmerksam machen. Er will nicht vergessen werden, er will mahnen und erinnern. Man kann das als nachtragend bezeichnen; ihm fehlt wohl die Reife, den Sachverhalt »erwachsen« zu regeln.

4. Hermaphroditismus bedeutet, dass gleichzeitig Hoden- und Ovarialgewebe ausgebildet werden; der Betroffene hat also männliche und weibliche Geschlechtsmerkmale. Dadurch wird eine eindeutige Geschlechtszuordnung oft unmöglich. Je nach Befund wird ein chirurgischer Eingriff vorgenommen und eine Verhaltenstherapie durchgeführt, um eine Zuordnung zum vorherrschenden Geschlecht zu erreichen.²
In der Geschichte geht es um Personen, die ihrem jeweiligen Geschlecht eindeutig zuzuordnen sind. Die Metamorphose, durch die der Zwitterzustand entsteht, geschieht als Folge der Verweigerung sexueller Vereinigung durch den Jungen. Es wird demnach ein Phänomen, das manchen Menschen angeboren ist, als Folge von einstmal verweigertem Geschlechtsverkehr erklärt. Das Mädchen hätte sich diesen gewünscht. Als sie ihn von dem Jungen nicht bekommt, wendet sie sich mit ihrem Wunsch an die Götter, wohl ohne an solche Ausführung gedacht zu haben. Sie dachte an

---

1 Die lateinischen Belege dienen der Orientierung der Lehrkraft. Die Versangaben beziehen sich auf *Met.* 4.
2 Vgl. für einen kurzen Überblick GRIMM et al.: Taschenlehrbuch Humangenetik, Stuttgart 2011, 471–477.

9 Hermaphroditus und Salmakis

Sexualität als temporäre, wiederholbare körperliche Vereinigung, bekommt aber eine dauerhafte in Form einer Verwachsung.
Von Platon ist der Mythos der Kugelmenschen überliefert, die teils männlich, teils weiblich, teils gemischt waren und alle doppelte Gliedmaßen hatten. Zeus riss sie auseinander, um ihre Macht zu begrenzen. Dadurch entstanden die zweibeinigen, zweiarmigen Menschen, die seitdem in sexuellem Begehren versuchen, sich zu vereinen. In der Zweisamkeit können sie wieder ihre ehemalige Stärke erahnen und sich fortpflanzen. Die ehemals androgynen Kugelmenschen sind nun heterosexuell, die ehemals reingeschlechtlichen homosexuell.

5. a) Die Geschichte in die Moderne zu übertragen, dürfte nicht schwer sein, da sie der widersprüchlichen Lebenswirklichkeit der Schüler entspricht, die ca. 15 Jahre alt sind und gerade ihre Sexualität und sexuelle Orientierung entdecken.
b) **Freie Schülerbeiträge.** Der Ansatz liegt darin, dass nur die Reden von Salmakis und Hermaphroditus, also von geschlechtlich eindeutigen Wesen, überliefert werden. Das Zwitterwesen, das durch die Metamorphose entsteht, spricht nicht mehr. Es wird zwar von der Verwandlung berichtet, dann heißt es aber: *Hermaphroditus ait* (Met. 4, 383). Es muss sich also um dessen letzte Worte als Junge handeln.
Denkbar wäre auch ein innerer Monolog, der davon ausgeht, dass das Wesen beobachtet, wie ein Mann in das Wasser steigt und verwandelt wird. Der Schülerbeitrag könnte auch der Frage nachgehen, ob Salmakis und Hermaphroditus nach ihrer Vereinigung noch jeweils selbstständig denken oder ob es wegen *facies una* (374 f.) nur noch einen Kopf und damit ein Denken gibt. Ein Schüler könnte in seinem Text auch thematisieren, wie das entstandene Wesen zu seiner neuen Geschlechtlichkeit steht.
c) Die drei Abbildungen stammen aus drei verschiedenen Epochen und zeigen jeweils einen Moment der Annäherung: Entdeckung – Abwehr – körperliche Nähe. Spranger stellt Salmakis als Verführerin dar; ihre gesamte Körperhaltung ist von Lust gezeichnet (gehobenes Bein, vor dem Jungen halb verdecktes Gesicht, gewundener Arm, gebogene Haltung). Sie hat sich bereits weitgehend entblößt, ihre Brust und ihre breite rechte Hüfte fallen auf. Hermaphroditus ist fast kindlich knabenhaft gezeichnet, er sitzt verträumt am Ufer und beachtet die Nymphe nicht. Er ist im Gegensatz zu ihr barfuß und hält seinen linken Fuß fest. Wahrscheinlich massiert er ihn, weil er lange gelaufen ist. Gesicht und Lippen sind rosig.

9 Hermaphroditus und Salmakis

Das Licht fällt auf die beiden Personen, der Hintergrund ist dunkel, ein roter Umhang fällt auf, den die Nymphe bereits abgelegt hat.

Bei der Statue in Warschau steht, anders als bei Spranger, der Knabe im Mittelpunkt. Er wirkt relativ erwachsen, doch sehr feminin. Seine Haltung (fester Stand, wegdrängende rechte und ausgestreckte linke Hand, Blick von Salmakis weg) zeigt deutlich die Ablehnung. Ganz anders Salmakis: Ihre Körperhaltung und Gesichtsausdruck (der fast an eine antike Tragödienmaske erinnert) wirken verkrampft, flehend und verzweifelt. Der Stolz des Jungen steht im Gegensatz zur Aufgabe aller Würde des Mädchens. Sie versucht, ihn festzuhalten bzw. zu umklammern, ihr Körper vermag sich von seinem nur so weit zu trennen, wie es Hermaphroditus' rechter Arm verlangt. Ebenso hat sie die Bodenhaftung verloren und kniet ganz auf einem Stein, so dass der Knabe sie mitziehen muss, wenn es ihr gelingt, ihn festzuhalten.

Carnovalis weich gezeichnetes Bild zeigt die beiden nackt. Salmakis kann sich an den Jungen anschmiegen, ihn umarmen, sein Knie berühren, ihn auf den Hals küssen und ihr Bein über seines legen. Sein Ekel und Widerwille sind jedoch unverkennbar. Er wendet den Kopf ab, stemmt sich gegen sie, ohne sie zu berühren. Mit den Armen wehrt er sie ab. Von Salmakis' Stürmen und dem Kampf ist nichts zu erkennen, vielmehr wirkt ihre Haltung eher statisch. Würde sich der Junge einvernehmlich verhalten, könnte man fast ein romantisches Stelldichein erwarten; aber an ihrer schwerfälligen Haltung wird sichtbar, dass sie ihn bedrängt. Es verunsichert sie vielleicht, dass ihr Suchen nach Nähe nicht erwidert wird.

d) **Freie Schülerbeiträge.**

Plenum

1. **Freie Schülerbeiträge.**
2. Hermaphroditismus ist ein Phänomen, das es zu erklären gilt, da es der Normalität eindeutiger Zuordnung des sexuellen Geschlechts widerspricht. Oftmals kommt es in Liebesbeziehungen zu Gewalt physischer wie psychischer Natur, wobei die Aggressorenrolle nicht auf Männer festgelegt ist. In der Geschichte geht die Gewalt vom Mädchen aus, dessen Begehren nicht erwidert wird. Ursache der Gewalt mag das negative Selbstbild des Mädchens sein, das sich alle Mühe gibt zu gefallen und doch nicht begehrt wird. Sie verspürt den Drang, den Jungen zur Erwiderung ihrer Gefühle zu zwingen. Dieser ist aufgrund seiner Jugend und Unerfahrenheit dem Mädchen entwicklungsmäßig unterlegen.

9 Hermaphroditus und Salmakis

Gewalt beginnt in einer Liebesbeziehung in dem Moment, in dem der eine Partner die Personalität des anderen nicht achtet. Zu diskutieren wären Aspekte wie: Woher kommt Gewalt gegen jemanden, den man liebt? Was ist Gewalt? Kann Gewalt gewollt sein? Besitzt Gewalt einen ästhetischen Wert?

3. Die moderne Genderforschung geht im Kern davon aus, dass das biologische Geschlecht keine hinreichende Bedingung ist, von Mann oder Frau zu reden, sondern dass das Geschlecht auch eine anerzogene, kulturell oder anderweitig bedingte Konstruktion ist. In extremer Auslegung ist *sex* von *gender* völlig zu trennen. Das biologische Geschlecht bleibt aber immer auf der Grundlage biologischer Differenzen Grundlage von *gender*. Andererseits ist aber auch nicht zu übersehen, dass es wandelbar und historisch bedingt ist, was das Männliche und was das Weibliche ausmacht.

10 Die Verwandlung der Minyas-Töchter

F1 Verwandlung #4

Die *Vespertilio* ist die Zweifarbfledermaus. Sie besiedelt felsreiche Waldgegenden, bevorzugt aber immer stärker auch Siedlungsgebiete und Großstädte, wo sie Häuser und andere menschgemachte Behausungen sucht. Ihr Fell ist an der Oberseite dunkel, wirkt schimmernd flaumig und ist am Bauch hell.[1]

Die Entstehung der Fledermaus wird als Folge der Hybris der drei Minyas-Töchter gegen Bacchus erklärt. Die Verwandlung beginnt mit *cum subito* (3), d. h. urplötzlich und mitten in der Haupthandlung der Webarbeiten. Sie lässt sich so an der Tafel darstellen:

	Die Verwandlung	
adhuc (1)	urguet opus (2)	unbeirrte Weiterarbeit nach Ende der dritten Geschichte
subito (3)	– tympana non adparentia (3) – raucis sonis (3 f.) – tibia (4) – tinnulaque aera (5)	Geräusche aus dem Hintergrund zur Ankündigung des Unheils
	– Redolent murraeque crocique (5) – Coepere virescere telae (6)	Der erste Teil der Verwandlung setzt ein: Das Arbeitsgerät wird zu Pflanzen.

repente (7)	– videntur (7–9):
	  – tecta quati
	  – pinguesque ardere lampades
	  – rutilis conlucere ignibus aedes
	  – falsaque saevarum simulacra ululare ferarum
		Nach einiger Zeit setzt plötzlich der zweite Teil ein: angsttraumartiges Szenario von Trugbildern, schauriges Spiel aus Beben, Licht und Wabern.

iamdudum (10)	– ignes ac lumina vitant (11)	Die Schwestern werden lichtscheu.
Dumque (12)	– membrana (12) – pinna (13) – minimam vocem (17) – querellas (18)	In einem allmählichen Prozess entwickelt sich die Fledermaus (perdiderint veterem figuram, 14).

---

1 Eine ausführliche und grundlegende Beschreibung von *Vespertilio murinus* liefert Hans J. Baagøe in: F. Krapp (2011).

10 Die Verwandlung der Minyas-Töchter

Man kann die Abbildung im SB S. 42 als Einstieg nutzen, indem man sie auf Folie kopiert und die lateinischen Begriffe aus dem Text an die jeweilige Stelle schreibt (Wortschatzarbeit) oder als Abschluss die Aussagen des Textes an der Abbildung überprüft.

F 2 Kreuz und quer

F2 und F3 sollen dabei helfen, nachzuvollziehen, dass die sprachlich-stilistische Gestaltung des Textes die neue Gestalt der Fledermäuse unterstreicht, schließlich geht es Ovid ja darum, *mutatas dicere formas* (vgl. 14: *perdiderint veterem ratione figuram*: Die Ursache [*ratione*] hat eine Mittelstellung, steht also sozusagen im Mittelpunkt.).

Die Häufung der Hyperbata soll dabei konkrete Aspekte verdeutlichen:

- das neue Aussehen allgemein: Es sind nun Fledermäuse mit Flügeln, deren Spanne angezeigt wird: *tenuique includit bracchia pinna* (13);
- die Besonderheit der Flügel, die keine Federn haben, sondern eine dünne Haut: *parvos membrana per artus* (12);
- das Verstecken und die Heimlichkeit: *Fumida iamdudum latitant per tecta* (10); *minimam et pro corpore vocem* (17); *seroque tenent a vespere nomen* (20);
- das Chaos und den Spuk: *pinguesque ardere videntur lampades et rutilis conlucere ignibus aedes* (7 f.); *falsaque saevarum simulacra ululare ferarum* (9).

F 3 Hell und dunkel

Dieser Kontrast soll nicht nur verdeutlichen, dass Fledermäuse nachtaktiv sind, sondern es soll auch erkannt werden, dass die Zweifarbfledermaus in ihrem Fell selbst den Kontrast trägt.

Hell	Dunkel
- *ardere* (7)	- *latitant* (10)
- *lampades* (8)	- *tenebras* (12), *tenebrae* (15)
- *conlucere* (8)	- *vitant* (11)
- *ignes ac lumina* (11)	- *lucem perosae* (19)
- *lucem* (19)	- *nocte* (20)
	- *sero a vespere* (20)

10 Die Verwandlung der Minyas-Töchter

Ein ironisches Moment liegt in *perlucentes alae* (16), den »durchsichtigen Flügeln«. Da Fledermäuse aber nur im Dunkeln fliegen, gibt es kein Licht, das durch die Flügel scheinen kann.

Die Verteilung zeigt die Übermacht der Dunkelheit, in die die Minyas-Töchter nun endgültig verbannt sind. Das letzte Licht, das sie sehen, ist das, das im Laufe der Verwandlung aufstrahlt.

F4 Latein lebt

Eine Reflexion über lateinische Sprache sollte auch eine Reflexion über deutsche Sprache beinhalten. Oft bereitet es Schülern Schwierigkeiten, ein Fremd- oder Lehnwort zu erklären, ohne dabei auf selbiges zurückzugreifen (z. B: »Ein Abiturient ist jemand, der Abitur macht.«). Die Beschäftigung mit einem wissenschaftlichen Wörterbuch kann bei der Erklärung von Fremd- und Lehnwörtern helfen, was zum Anlass genommen werden kann, Wörterbucharbeit zu betreiben. Mithilfe eines Lexikons können auch weitere Wortbestandteile aufgeschlüsselt werden. Die Urwörter aus dem Text werden in der Grundform zitiert.

- Fest: *festus* (2; Feier)
- profan: *profanare* (2; unheilig, weltlich; vgl. *pro* und *fanum*)
- Proletariat: *proles* (1; wessen einziger »Besitz« die Nachkommen sind)
- Sonar: *sonus*, *sonare* (4, 5; [Verfahren zur] Schallortung)
- Major: *maior* (6; Komparativ zu *magnus*; militärischer Rang)
- divers: *diversus* (11; verschieden; vgl. *dis* und *vertere*)
- Lokal: *locus* (11; Örtlichkeit)
- Zelebrant: *celebrare* (19; Vorsteher einer religiösen Feier)
- perluzent: *perlucere* (16; lichtdurchlässig; vgl. *per* und *lux*)
- falsch: *falsus* (9; unzutreffend)
- Plumeau: *pluma* (15; Federbett; Federbusch)
- Finale: *finis* (1; Endrunde)
- Veteran: *vetus* (14; entlassener Soldat; vgl. *veteranus*)
- Inklusion: *includere* (13; Einbeziehung; vgl. *in* und *claudere*)
- Opus: *opus* (2; [Kunst-]Werk)

10 Die Verwandlung der Minyas-Töchter

F 5 **Hybris**

Die Kenntnis dieses Schlüsselbegriffs ist für die Deutung der *Metamorphosen* und von Mythen im Allgemeinen unerlässlich. Der Text bietet die Möglichkeit, den Begriff von den Schülern erarbeiten zu lassen.

Hybris ist die Selbstüberschätzung des Menschen, die ihn dazu verleitet, sich Übermenschliches anzumaßen, d. h. gegen die gegebene Ordnung zu verstoßen und damit nachhaltige Unfreiheit zu schaffen. Freiheit ist die Einsicht in die Notwendigkeit (vgl. Stoa, Hegel, Marx), d. h., der Mensch kann nur dann wirklich frei sein, wenn er Freiheit nicht mit Willkür oder Regellosigkeit verwechselt, sondern erkennt, dass Regeln für das Zusammenleben nötig bzw. Naturgesetze unumstößlich sind. Der Mensch kann sich nur in der Begrenzung durch die Vernunft frei bewegen.

Durch die Hybris wird der Protagonist in vielen Tragödien oder Mythen schuldig, da er in vollem Bewusstsein gegen Weisung und Recht der Götter (*themis*) agiert. Dies beinhaltet der zweite Vers:

ūrguĕt ŏpūs ³| spērnītquĕ ᴷᵀᵀ| dĕūm ⁷| fēstūmquĕ prŏfănăt

Der Vers weist einen Chiasmus auf, der die Antihaltung der Schwestern zum Bacchuskult versinnbildlicht. Ihr *opus* steht im Gegensatz zum *deus* und seinem *festus*. Die drei Prädikate bilden ein Trikolon, eine Klimax sowie ein Polysyndeton und bilden so die völlige Missachtung und Entheiligung des Kults ab.

Metrisch werden die einzelnen Bestandteile des Trikolons durch Trit- und Hephthemimeres voneinander abgetrennt und so betont. Zusammen mit der Zäsur Kata triton trochaion (KTT) wird der Gott ins Zentrum gerückt.

Es zeigt sich also, dass die Hybris der Schwestern am Festtag des Gottes Bacchus nun ihre Folgen zeitigen wird. Die Verwandlung der Minyas-Töchter ist die Strafe für ihre Anmaßung, den Feiertag durch Arbeit zu entheiligen und zum Werktag zu machen.

Es bietet sich an, Beispiele moderner Hybris finden zu lassen, z. B. Atomkraft usw. Gerade die Technik, die eigentlich dem Menschen dienen soll, bewirkt oft das Gegenteil (z. B. Automatisierung führt zu Arbeitsplatzverlust; Verlust der Kontrolle über die Technik usw.). Auch der Sonntag steht letztlich in einer Hybrisdiskussion (vgl. die Kirchenkampagne »Ohne Sonntage gibt es nur noch Werktage«), was zu unmittelbarem Vergleich anregt.

10 Die Verwandlung der Minyas-Töchter

F 6 **Text und Bild**

Man kann auch die Fledermausabbildung im SB S. 42 mit lateinischen Begriffen beschreiben lassen, wenn es mehr um die Anatomie als um die Verwandlung gehen soll.

Lepautre zeigt in dem Bild, das man in vier Quadranten teilen kann, die gesamte Verwandlungsszene. Rechts unten erkennt man die *Minyeia proles* (1) und ihr *opus* (2), d. h. die *telae* (6), die sie im Schrecken und ohne Vorwarnung *subito* (3) verlassen, als sie zu grünen beginnen (*Coepere virescere*, 6). Ihre Gesichter wirken fratzenhaft verzerrt.

Rechts oben ist durch drei Gestalten die drohende Verwandlung angedeutet: Die erste ist noch ganz Mensch und streckt verzweifelt die Arme nach oben, eine zweite weibliche Gestalt ist halb Fledermaus (*membrana*, 12; *tenui pinna*, 13; *Non illas pluma levavit*, 15; *perlucentibus alis*, 16), halb Mensch (*bracchia*, 13; *perdiderint veterem figuram*, 14). Sie fliegt ins Dunkle (*petunt tenebras*, 12). Ganz im Dunkeln zeichnet sich eine Fledermaus ab (*nocte volant*, 20).

Links oben sieht man helles Licht (*pingues lampades*, 7 f.; *conlucere*, 8; *ignes ac lumina*, 11) und dunklen Rauch (*Fumida per tecta*, 10), vor dem die Fledermäuse, die nach rechts drängen, fliehen (*vitant*, 11). Dadurch werden die entstehenden Weinreben verdeckt (*Coepere virescere telae*, 6).

Links unten wird die Geräuschkulisse bildlich umgesetzt: Der Maler macht die Laute in Form der Tiere und der Bläser sichtbar (*falsa saevarum simulacra ululare ferarum*, 9; *tympana non adparentia raucis obstrepuere sonis et adunco tibia cornu tinnulaque aera sonant*, 3–5). Auf dem Boden liegt noch ein Fadenknäuel.

Jeroo bietet mit seiner Zeichnung im SB S. 45 eine weitere Deutung des Geschehens. Aus der Mitte heraus bricht fast explosionsartig eine Fledermaus hervor, zwei weitere sind im Hintergrund zu erkennen. Sie versuchen, dem hellen Licht zu entkommen, und fliegen auf den Betrachter zu. Am unteren Bildrand erkennt man Weinreben mit Blättern und Früchten sowie eine Spindel. Der Künstler beschränkt sich auf die vollzogene Verwandlung, die genauen Umstände der Metamorphose stellt er nicht dar.

10 Die Verwandlung der Minyas-Töchter

A1 Hast du Töne?

Freie Schülerbeiträge. Die Ansätze liegen hier:
- Instrumente: *raucis obstrepuere sonis* (4 f.); *sonant* (5)
- Spukgeräusche: *ululare* (9)
- Fledermäuse: *conatae loqui* (17); *levi stridore querellas* (18)

Insgesamt ergibt dies eine unheimliche Stimmung.

A2 Zu spät?

Freie Schülerbeiträge. Es handelt sich um eine *querella* (18), also eine bedauernde Klage, ein jammervolles Wehklagen.

Mögliche Impulse wären: Sehen sie ihre Schuld ein? Versuchen sie den Gott umzustimmen? Oder halten sie an ihrer Einstellung fest?

A3 Ringkomposition

1. Die angeführten Verse leiten das vierte Buch der *Metamorphosen* ein. Sie beschreiben den Rahmen, in dem die drei Geschichten platziert werden: das Fest für den Gott Bacchus, das zu feiern befohlen wird.

   Es empfiehlt sich, zunächst für den Schluss eine Zusammenschau anzufertigen, um diesen Rahmen zu erkennen:

   Die Ringkomposition
   = das Aufbauprinzip, dass am Ende der Anfang wieder aufgegriffen wird.

Einleitung (Met. 4, 1–42)[1]	Schluss (Kap. 10)	Parallele
adhuc negat	adhuc urguet (1 f.)	Bis zuletzt verleugnen sie Bacchus.
festum celebrare iusserat	festum profanat (2)	Sie nehmen bewusst nicht am Kult teil.
telasque calathosque infectaque pensa reponunt	urguet opus (2); Coepere virescere telae (6)	Explizit die Handarbeit soll unterlassen werden.
vario sermone levemus; referamus ad aures	conatae loqui (17); peragunt levi stridore querellas (18)	Was sie am Ende noch von sich geben können, sind leise Klagen statt kurzweiliger Unterhaltung.

[1] Da der Text gekürzt abgedruckt ist, erfolgt hier keine genaue Versangabe.

10 Die Verwandlung der Minyas-Töchter

> Die Grundlagen für die Verwandlung werden also bereits in der Einleitung gelegt, indem die Auflösung am Schluss vorbereitet wird. Die Strafe wird nun umso verständlicher: Die für die Schwestern als Erzählerinnen unverzichtbare Sprechfähigkeit wird ihnen dauerhaft genommen, weil sie sich unterhalten haben statt den Gott zu ehren. Der Autor beschreibt deren Verhalten als *inpietas* (2: *spernitque deum festumque profanat*), am Anfang der Rahmengeschichte verwendet er den Begriff schon explizit (*Met.* 4, 3 f.: *sociasque sorores inpietatis habet*). Man beachte in diesem Vers die Häufung der s-Laute, die bereits in der Einleitung lautmalerisch die Verwandlung in Fledermäuse vorwegnimmt.
>
> Aber nicht nur der Inhalt der Erzählungen soll in *Met.* 4, 1–42 vorbereitet werden, sondern auch der Umstand, dass die Minyas-Töchter sich überhaupt etwas erzählen, um sich die Arbeit zu versüßen, anstatt den Festtag zu begehen:
>
> - *per vices referamus*; *varius sermo*: Alle sollen nacheinander etwas erzählen.
> - *quod tempora longa videri non sinat*: Es soll etwas Kurzweiliges sein.
>
> 2. Die Erzählung von Pyramus und Thisbe ist auch nach dem Prinzip der Ringkomposition aufgebaut. In der Exposition wird das Verbot der Väter (*sed vetuere patres*, Kap. 1, 7) angesprochen, das eine Ursache für die spätere Katastrophe ist. Am Schluss wird das Verbot wieder aufgenommen, wenn die Erzählerin berichtet, dass die Eltern (*parentes*, Kap. 5, 18) von der Bitte gerührt sind (Kap. 5, 18; obwohl sie nicht dabei waren!) und ihnen nun posthum die Vereinigung *una in urna* (Kap. 5, 20) erlauben. Die Erzählerin beantwortet so die Frage, wie die Väter auf das Verschwinden der Kinder reagieren.
>
> Im Falle der Geschichte von Sol und Leukothoë wird dieses Aufbauprinzip modifiziert. Die Erzählerin nimmt sich vor, von Sols Liebe zu erzählen: *Solis referemus amores* (Kap. 6, 2). Am Schluss geht es jedoch um Klytiës Liebe zu Sol: *Illa suum ad Solem mutataque servat amorem* (Kap. 8, 29 f.). Eine solche Komposition zeigt damit auch die *mutatas formas* an, die sich durch Ovids Werk ziehen.

Gesamtinterpretation III (Kap. 9–10)

Rückblick und Vertiefung

M1 Der rote Faden

Die *Metamorphosen* sind ein Gesamtkunstwerk, das von der Verknüpfung der einzelnen Geschichten lebt, da sie ein *carmen perpetuum* darstellen wollen.

Kernaspekt für die drei Liebesgeschichten ist die *mora*, d. h. das Gefühl für den richtigen Moment, von dem die wahre Liebe lebt. Ihre Gesamtbetrachtung (Teilaufgabe f) bleibt dennoch (und trotz diverser Interpretationsaufgaben zu den übersetzten Passagen) schwierig, da die Thematik relativ abstrakt ist. Die Blöcke d) und e) sind auch recht komplex, da auch hier stringente Entwicklungslinien nachvollzogen werden müssen. Die Aspekte a) bis c) hingegen sind relativ einfach, da mit »Eltern«, »Göttern« und »Liebe« konkrete und wörtlich belegbare Vergleichspunkte vorliegen.

a) Ovid interessiert sich vielfach für die Beziehung zwischen Eltern und Kindern[1] (vgl. z. B. Daphne, Phaëthon, Daedalus und Icarus, …), aus der sich mitunter tragische Konflikte im Ringen um Freiraum entfalten. Nicht zuletzt die Wichtigkeit der *pietas* im römischen Wertesystem rechtfertigt eine kritische Auseinandersetzung mit diesem Thema. Die Kinder reifen heran und wollen unabhängig werden, müssen sich von den Eltern lösen und selbst Verantwortung übernehmen. Dabei verkennen sie sich in pubertärer Selbstüberschätzung mitunter selbst oder missachten die hilfreiche Erfahrung der Eltern. In der ersten Geschichte erscheinen die strengen *patres* fast toposhaft als Verbieter einer jungen Liebe, die sich am Ende aber doch (zusammen mit den Müttern, die bislang nicht in Erscheinung traten) erweichen lassen. Inwieweit damit eine Erkenntnis des eigenen Fehlverhaltens einhergeht, lässt sich nur mutmaßen (vgl. hierzu auch das Verhalten des *pater infelix* Daedalus, der den Sohn nach dessen Absturz bestattet). In der zweiten Erzählung erscheint Apoll in Gestalt der Mutter und nähert sich Leukothoë liebend, entpuppt sich aber alsbald als Vergewaltiger. Der Vater des Mädchens kann diesen Umstand nicht gelten lassen und begräbt die eigene Tochter lebendig. Anders als bei Pyramus und Thisbe bleibt der Vater bis zuletzt *ferox inmansuetusque* bzw. *crudus* (Kap. 8, 4 und 7); die echte Mutter tritt wiederum nicht in Erscheinung. In der dritten Episode sind es schließlich beide Elternteile, die dem Sohn den sozusagen letzten Wunsch erfüllen. Es spricht für deren unbedingte Elternliebe, dass sie dies tun, obwohl sie damit auf ewig unschuldigen Männern schaden werden.

---

1 Vgl. Scholz/Göttsching (2012).

Gesamtinterpretation III (Kap. 9–10)

b) Ovid kommt es darauf an, den Menschen und dessen Würde bzw. sogar moralische Überlegenheit gegenüber den Göttern zu beschreiben: Der Mensch ist die *mundi melioris origo* (*Met.* 1, 79), wohingegen die Götter den Menschen sogar dann Leid bringen, wenn sie ihnen eigentlich wohlgesinnt sind; die Unsterblichen bleiben eine bedrohliche Macht.[1] Dabei werden sie »in sozialen Kontexten gezeigt, die sie menschenähnlich erscheinen lassen, sowohl was ihr Reden als auch was ihr Handeln betrifft. […] Man kann sogar sagen, dass der Olymp zum Spiegel irdischer Machtverhältnisse wird. Dasselbe gilt von Leidenschaften wie Stolz, Eigenliebe, Zorn und von dem Mangel an Überlegung […]. Der Mythos wird für Ovid zur Bühne rein menschlicher Empfindungen und Erfahrungen, an denen er seine subtile Charakterisierungskunst entfaltet.«[2]

Wie auch immer man Ovids Haltung zum Götterglauben beurteilen mag, die pragmatische Sicht eines Agnostikers auf das Problem ist nicht von der Hand zu weisen: Ovid stellt keine theologischen Untersuchungen an, sondern die Götter dienen ihm in allen Geschichten als literarischer Topos für die Gewähr für die Umsetzung der Verwandlung, für das Vollbringen des Unmöglichen oder nicht Erklärbaren; sie lassen ehemals weiße Beeren dauerhaft rot werden, sie bewirken Himmelsphänomene und -anomalien sowie Pflanzenduft, sie lassen Männer verweiblichen bzw. erschaffen Zwitterwesen.

c) Vor der Liebe sind auch die Götter nicht gefeit. Bereits früh in den *Metamorphosen* wird Apolls Liebe zu Daphne (*Met.* 1, 452–567) als Folge der *saeva Cupidinis ira* beschrieben, d. h., Apoll ist Opfer der Rache Amors, der sich von Apoll verspottet fühlt. Gleich darauf (*Met.* 1, 568–746) wird Jupiters Liebe zu Io beschrieben. Beide Götter sind ohnmächtig vor Liebe und nicht mehr Herr ihrer Sinne, bei beiden endet das Begehren in großem Leid für das Mädchen. Liebe ist demnach ein Kriterium für Ovid, Formen menschlichen Zusammenlebens zu beleuchten, und zwar auch hinsichtlich möglicher Fehlformen. Pyramus und Thisbe lieben sich unsterblich, verstoßen damit aber gegen die *pietas*, die fordert, dem Verbot der Väter zu entsprechen. Bei Mars und Venus werden die Themen Ehe und Ehebruch behandelt, bei Sol und Leukothoë das Problem nicht einvernehmlichen Geschlechtsverkehrs als Folge der Blindheit vor Liebe: Sol kann nur noch sich selbst und seine Bedürfnisse sehen, die Ablehnung nicht respektieren. Ebenso wenig kann Salmakis akzeptieren, dass Hermaphroditus zu jung für jede Form geschlechtlicher Liebe ist.

Liebe kann also auch in Gewalt umschlagen, auch wenn diese aus Liebe und nicht aus Egoismus geschieht. In Ovids *Metamorphosen* erscheint damit

---

1 Vgl. Kuhlmann (2005), passim.
2 Vgl. Albrecht/Glücklich (2011), 50.

Gesamtinterpretation III (Kap. 9–10)

(anders als in der Welt der Elegie) die Liebe als irrationale, zerstörerische Schicksalsmacht mit entsprechender Tiefe; kaum eine Liebesgeschichte endet glücklich, selbst wenn die Gefühle beidseitig sind.[1]

d) Die Geschichte von Pyramus und Thisbe spielt sich weitgehend in Dunkel- und Abgeschiedenheit ab. Die beiden treffen sich heimlich, um eines Nachts durch die Dunkelheit zu fliehen und sich an einem Grab zu treffen. Dort flieht Thisbe in eine Höhle. Das einzige beleuchtete Element ist die Löwin im Mondschein, die das Missverständnis auslöst und zur Katastrophe führt.

Sols Geschichte jedoch führt schon dem Namen nach ins Helle, obwohl sie mit Mars' und Venus' Affäre im Abgeschiedenen beginnt. Die Vergewaltigung findet im Dunkel des Schlafgemachs statt. Die Verwandlung ereignet sich dann wieder im Hellen und Sol ist sehr bemüht, der lebendig Begrabenen einen Weg zurück ans Tageslicht zu bahnen, womit er jedoch scheitert.

Salmakis lebt in einer kristallklaren Quelle. Alles ist dort sichtbar, hell und idyllisch (*Met.* 4, 300: *perspicuus liquor est*).

e) Dies bedeutet jedoch nicht, dass das Maß des Glücks entsprechend steigt, sondern das Gegenteil ist der Fall: Pyramus und Thisbe, die beiden Menschenkinder, sind die einzig glücklich Verliebten, ihre Liebe wird »nur« von außen verboten. Leukothoë, das Menschenmädchen, leidet unter Sols Avancen und wird vergewaltigt. Die Liebe des Gottes bleibt einseitig, sein sexuelles Begehren wird nur durch den Gewaltakt gestillt. Mit Salmakis und Hermaphroditus treffen schließlich zwei göttliche Wesen aufeinander, die beide unglücklich werden: Sie, weil sie mit ihm zusammenwächst anstatt sich sexuell mit ihm zu vereinen, er, weil er letztlich missbraucht wird und mit ihr verbunden bleiben muss. Glück ist hier überhaupt nicht mehr zu finden.

f) *Mora* in der Liebe scheint Ovid zu beschäftigen. Er »überliefert« den Briefwechsel von Hero und Leander (*Heroides* 18/19): Ihre Liebe zueinander wird von den Vätern verboten. Sie sind durch den Hellespont getrennt und dürfen sich offiziell nicht sehen. Daher schwimmt der Junge nachts immer heimlich hinüber. Als dies einmal wegen schlechter Witterung länger nicht möglich ist, schreiben sie Briefe, um zu klären, ob er die *mora* überwinden soll, indem er der Widrigkeit zum Trotz losschwimmt. Er wird es tun und dabei ertrinken. Es ist also die Ungeduld, die beide ins Verderben stürzt; das Mädchen wird sich selbst das Leben nehmen.

Mora ist untrennbar verbunden mit *amor*. Immer wieder klingt sie daher in Liebesgeschichten zumindest in der Buchstabenfolge *mor-* an, bei Pyramus

---

[1] Vgl. PALMESHOFER (2013), 101.

Gesamtinterpretation III (Kap. 9–10)

und Thisbe ganz deutlich: in der Maulbeere (*morus*, Kap. 2, 10; *mora*, Kap. 3, 23), im vorschnellen Selbstmord des Jungen (*Nec mora*, Kap. 3, 16; *moriens*, Kap. 3, 16) und dem zu großen Bedacht des Mädchens (*remorata*, Kap. 4, 10): Die beiden Liebenden verfehlen den rechten Moment.[1]

Sols *spectandi mora* (Kap. 7, 10) in der zweiten Geschichte, also seine völlige Faszination von dem Mädchen, die ihn zwingt, nur noch dieses zu sehen und alles andere ringsum zu vergessen, bringt die gesamte Welt in Bedrängnis. Seine Liebe lässt ihn alle Pflicht vergessen, das Verliebtsein bringt ihn und damit die Welt völlig durcheinander. Damit stürzt er Leukothoë ins Unglück, weil er im Wahn nur noch seine Bedürfnisse sieht und nicht einmal mehr vor einer Vergewaltigung zurückschreckt, durch die er sein wahres Gesicht (*Nec longius ille moratus in veram rediit speciem*, Kap. 7, 31 f.) zeigt.[2]

In der dritten Geschichte (man kann ggf. den lateinischen Text dazugeben) erscheint die *mora* als Facette der Leidenschaft, die keinen Aufschub duldet. In diesem Paradox ist das Scheitern vorprogrammiert. Salmakis kann ihr Begehren nicht mehr zügeln, zerstört damit aber das Leben des Jungen. Es geht also auch um die für tragfähige Liebe nötige Reife im Gegensatz zum Exzess des Verliebtseins. Die Nymphe ist unsterblich verliebt, aber es bleibt offen, ob sie auch weiß, was Liebe bedeutet (ihre Worte von Heirat erklingen entweder als Topos oder zeigen eine Störung der Beziehungsfähigkeit an, die sich durch Verlustangst auszeichnet).[3]

M 2* **Mensch und Wort**

Freie Schülerbeiträge.

M 3* **Mensch und Materie**[4]

Folgende Arme für eine Mindmap bieten sich an (andere sind möglich):

---

1 Dies ist schülernah, wenn man bedenkt, wie viel Mut es kostet, jemanden anzusprechen, der dann weggeht und den man vielleicht nie mehr sieht. Vgl. CRO: *Bye Bye*; XAVIER NAIDOO: *Sie sieht mich nicht* u. v. a. Lieder.
2 Auch diese Erfahrung (und ihr Gegenteil, nämlich nur noch den anderen zu sehen) ist schülernah. Auch hierzu lassen sich viele Lieder finden, z. B. BEYONCÉ: *Crazy in Love* (nur den anderen sehen); REVOLVERHELD: *Ich lass für dich das Licht an* (alles für den anderen tun und sich selbst vergessen).
3 Vgl. hierzu u. a. PETER FOX: *Der letzte Tag*; ROBIN SCHULZ: *Sugar*. Vgl. auch DIE TOTEN HOSEN: *Alles aus Liebe* (zur Selbstmordproblematik).
4 Unterstrichen sind die Wörter aus der Geschichte von Pyramus und Thisbe, falls nur diese im Unterricht behandelt wird. Da es hier v. a. um Wortschatzarbeit geht, erfolgt kein genauer Versbeleg. Die Wörter werden in der Grundform angegeben. Genauso wird bei Aufgabe M5 verfahren.

Gesamtinterpretation III (Kap. 9–10)

- Himmel und Erde: *silva, latum arvum, humus, solum, glaeba, caelum, terra, tellus*
- Tiere: *fera (saeva), leaena/leo, bos*
- Wasser: → Meer: *unda, summum, aequor*
  → allgemein: *gelidus fons, aqua*
- Elemente: *ignis, aqua, aer/aura, humus*
- Zeit: → Jahr und Tag: *annus, brumalis hora, luces*
  → Tag und Nacht: *sol, nox, radiata lumina, luna, nocte dieque, pruinosae herbae, nocturni ignes, (siderea) lux, tenebrae, silere*
- Pflanzen:
  → Baum: *arbor*
  → Aufbau: *ramus, pullus, radix, virga*
  → Arten: *morus, buxus*
  → Frucht: *(arboreus) fetus, pomum, morum*
  → Kleingewächse: *flos, herba, virga, radix, turea, ros merus, viola, nectar, odor*

M 4* Stört die Liebe nicht!

Freie Schülerbeiträge.

M 5* Mensch und Moral[1]

Folgende Arme für eine Mindmap bieten sich an (andere sind möglich):

- Schuld und Sühne: *nocens, perdere, sceleratus, memor, poena, diffamata, indicare*
- Erbarmen: *(multum) miser, miserandus, infelix, miserrimus, vota tetigere, precari, querella*
- Gewalt und Verbrechen: *laedere, factum, eripere, vis, ferox, inmansuetus, pati*
- »Todsünden«
  → allgemein: *vitium*
  → Wollust (Ehebruch): *paelex, adulter, coniunx, adulterium, furtum, concubitus*

---

[1] Unterstrichen sind die Wörter aus der Geschichte von Pyramus und Thisbe, falls nur diese im Unterricht behandelt wird.

Gesamtinterpretation III (Kap. 9–10)

> → Neid: *invidus, invidere*
> → Zorn: *stimulatus, ira*
> - Pflicht, Gehorsam und Verbot: *iure, vetare, debere, parere*
> - List und Tücke: *fallere, audax, nova ratio, ars, vera species*
> - Sitte und Anstand: *ingratus, taedae, dignissimus, despectus, decere, pavere, turpiter*
> - Hybris: *spernere deum, festum profanare*

M 6** Schuld und Verantwortung

Hinsichtlich der Frage nach der Schuld ist es grundlegend, zunächst den Begriff als solchen zu definieren. Fürs Erste genügt die Grobdefinition, dass Schuld dann entsteht, wenn man gegen das Gute bzw. Richtige handelt. Damit ist jedoch noch nicht geklärt, ob diese Schuld auf irgendeine Weise zu rechtfertigen ist. Denn man muss zwischen Schuld aus Charakterschwäche, tragischer Schuld und ungewollter Schuld infolge eines Unfalls o. Ä. unterscheiden. Die Frage nach dem freien Willen ist dabei zentral.

Pyramus und Thisbe werden tragisch schuldig, da sie zwar bewusst handeln, als sie fliehen bzw. sich das Leben nehmen, aber im entscheidenden Moment verblendet sind: Die Angst vor der Löwin bzw. der Schock über den Tod des anderen lässt die beiden im entscheidenden Moment nicht rational, d. h. in Rechenschaft vor Gewissen und Vernunft, entscheiden.

Die Frage nach der Schuld der Väter durch das Liebesverbot lässt sich nicht beantworten, da man deren Motive nicht kennt. Sicherlich wäre es nicht so weit gekommen, hätten sie eingesehen, dass sich Liebe nicht verbieten lässt. Andererseits verhalten sich die beiden Liebenden auch so geschickt, dass niemand davon erfährt, dass sie sich treffen und einen Plan aushecken.

Mars und Venus werden durch den bewussten Ehebruch schuldig. Ob sich Sol durch die Anzeige schuldig macht, ist zu diskutieren: Besteht Anzeigepflicht, wenn man von einem Verbrechen erfährt? Hätte Sol schweigen müssen, weil ein Ehebruch Privatsache der Betroffenen ist? Weil er selbst keinen Schaden erlitten hat? Weil der Verrat großes Leid bei Vulcanus hervorgerufen hat? Weil der Verrat aus reiner Vergeltungssucht des verschmähten Liebenden geschah? Venus' Schuld ist groß, da sie um ihrer Rache willen den Tod eines unschuldigen Mädchens billigend in Kauf nimmt. Sie spielt mit Sols und Leukothoës Gefühlen. Hat sie sich bewusst für dieses Mädchen entschieden, weil dessen Vater bekanntermaßen unmenschlich grausam ist und durch die unbillige Strafe schuldig wird? Für Klytiës Verrat gelten dieselben Überlegungen wie zu Sols Verrat.

Gesamtinterpretation III (Kap. 9–10)

Schwierig ist die Frage nach Schuld und Verantwortung in der dritten Geschichte: Hermaphroditus ist unschuldiges Opfer, was den Missbrauchsversuch angeht. Wie Leukothoë versucht er, Gewalt abzuwenden, und gibt eindeutige Stoppsignale, die Salmakis missachtet. Andererseits ist diese nicht Herrin ihrer Sinne, sondern in ihrer sexuellen Erregtheit nicht mehr in der Lage, rational zu entscheiden (dieses Problem spielt auch bei modernen Beurteilungen von Sexualstraftaten eine Rolle). Der Rachewunsch des Jungen ist als Schuld zu bewerten, da er maßlos ist und Unschuldige trifft, genau wie die Rache der Liebesgöttin, der Leukothoë zum Opfer fällt.

Die drei Minyas-Töchter werden schuldig durch ihre Hybris, da sie bewusst gegen die Gebote des Gottes, gegen die Worte der Priester und im Gegensatz zum Verhalten der anderen Menschen ihre Arbeit fortsetzen. Sie werden ausdrücklich gewarnt, die Verwandlung erfolgt als Strafe.

Insgesamt geht es also um das Akzeptieren der Persönlichkeit eines anderen, solange dessen Bedürfnisse oder Taten niemandem schaden. Dies ist der Grundgedanke von Toleranz. Die Schuld entsteht in den drei Liebesgeschichten Ovids dann, wenn der Kairos verfehlt wird (vgl. *mora!*).

M 7** Mensch und Mythos

Beschriebenes Ding/Sachverhalt	Ur- und Endzustand	Ursache der Veränderung	Existentielle Wahrheit
Farbe der Maulbeere	erst weiß, dann rot	Pyramus' Selbstmord	Verstoß gegen die *mora* bringt Leid: Alles hat seine Zeit!
weihrauchartige Pflanze und ein Heliotrop	erst zwei Mädchen, dann zwei Pflanzen	Lebendbegräbnis bzw. Strafe für Verrat	Liebe ist eine irrationale Macht, um deren Gefahren man wissen muss. Mit den Gefühlen eines anderen Menschen zu spielen ist unverantwortlich und unmenschlich.
Zwitterwesen	eine Nymphe und ein Junge, die zusammenwachsen	Wunsch nach Vereinigung (bzw. nach Rache, da der Fluch der Quelle noch heute wirkt)	Liebe braucht Reife und Zeit. Man muss akzeptieren, wenn sich ein Mensch noch nicht reif für die Liebe fühlt oder die eigenen Gefühle nicht erwidern kann.

M 8* Mensch und Körper

Freie Schülerbeiträge.

Klassenarbeit

1. Teil: Übersetzung

In den *Metamorphosen* berichtet Ovid auch noch von einer anderen unglücklichen Liebe Sols, der hier in der Namensform *Phoebus* erscheint. Das Unglück beginnt mit einem Streit zwischen Phoebus und dem Liebesgott Amor, der hier Cupido genannt wird. Phoebus hatte gerade den Drachen Python getötet und tritt mit entsprechend geschwellter Brust auf.

Primus amor Phoebi Daphne Peneia erat, quem non
fors ignara dedit, sed saeva Cupidinis ira.
Delius superbus hunc nuper viderat arcum
flectentem et dixerat:
5 »Quid tibi, lascive puer, cum fortibus armis?
Ista decent umeros gestamina nostros,
qui dare ferae, dare vulnera possumus hosti,
qui modo stravimus innumeris tumidum Pythona sagittis.
10 Tu contentus esto, nescio quos amores face tua inritare.
Nec adsere laudes nostras!«

Filius Veneris huic »Figat tuus arcus omnia, Phoebe.
Te meus arcus figat.«, ait, »Quantoque animalia
15 cedunt cuncta deo, tanto minor est tua gloria nostra.«
(63+24 Wörter)

Daphnē Peneia Daphne, *(Tochter des Peneios)* • **fors īgnāra** reiner Zufall • **Dēlius** der Delier *(gemeint ist Phoebus; Anspielung auf seinen Geburtsort Delos)* • **nūper** unlängst • **arcus, ūs** *m* Bogen • **quid tibī cum** was willst du denn bitte mit? • **lascīvus** frech • **decēre** zieren • **umerus** Schulter • **gestāmina** *Pl. n hier* ~ arma • **fera** wildes Tier • **sternere,** sternō, strāvī, strātum ~ occīdere • **innumerī** ~ multī • **tumidus** aufwallend • **Pȳthōn** *(Akk. Pȳthōna)* Python *(ein giftiger Drache)* • **nesciō quōs** welche auch immer • **inrītāre** ~ parāre • **adserere** *hier* einheimsen • **figere** treffen • **quantō ... tantō minor ...** in dem Maße, wie ... um so viel kleiner • **animal, ālis** *n* Tier • **cēdere** *hier* nachstehen • **nostrā** *Abl. comp.*

Hilfe zum zweiten Abschnitt:

Filius Veneris huic ait:
»Arcus tuus omnia figat, Phoebe.
Meus arcus te figat.
20 *Quanto*que cuncta animalia deo cedunt,
tanto minor [gloria] tua est gloriā nostrā.

Klassenarbeit

2. Teil: Interpretation

Amor lässt Phoebus in Liebe zu Daphne entbrennen, Daphne aber lehnt jede Art von Liebe ab und rennt vor Phoebus weg. Lange Zeit verfolgt er sie. Als sie keine Kraft mehr hat und von Phoebus eingeholt zu werden droht, fleht sie ihren Vater, den Flussgott Peneios, und ihre Mutter, die Erde, an:

»Fer, pater,« inquit, »opem, si flumina numen habetis!
Qua nimium placui, tellus, aut hisce, vel istam
quae facit, ut laedar, mutando perde figuram!«
Vix prece finita torpor gravis occupat artus.
5 Mollia cinguntur tenui praecordia libro.
In frondem crines, in ramos bracchia crescent.
Pes modo tam velox pigris radicibus haeret.
Ora cacumen habet. Remanet nitor unus in illa.
Hanc quoque Phoebus amat. Positaque in stipite dextra
10 sentit adhuc trepidare novo sub cortice pectus
conplexusque suis ramos ut membra lacertis
oscula dat ligno. Refugit tamen oscula lignum.
Cui deus »at, quoniam coniunx mea non potes esse,
arbor eris certe« dixit »mea! Semper habebunt
15 te coma, te citharae, te nostrae, laure, pharetrae!
Tu ducibus Latiis aderis, cum laeta triumphum
vox canet et visent longas Capitolia pompas.
Postibus Augustis* eadem fidissima custos
ante fores stabis mediamque tuebere quercum.
20 Utque meum intonsis caput est iuvenale capillis,
tu quoque perpetuos semper gere frondis honores!«
Finierat Paean. Factis modo laurea ramis
adnuit, utque caput visa est agitasse cacumen.

* An der Tür von Augustus' Haus hingen Lorbeerbündel als Zeichen seiner imperatorischen Gewalt.

»Hilf mir, Vater,« sagte sie, »wenn ihr Flüsse göttliche Macht habt! Oder du, Mutter Erde, auf der ich zu hübsch war: Verschlinge mich! Oder mach mich durch Verwandlung hässlich, da ich ja nur wegen meiner tollen Figur vergewaltigt werden soll!« Kaum hatte sie ihr Flehen beendet, werden ihre Glieder tonnenschwer. Zarter Rindenbast umhüllt die zarte Brust. In Laub gehen die Haare, in Zweige die Arme über. Der gerade noch so schnelle Fuß bleibt in dunklen Wurzeln hängen. Der Wipfel verdeckt nun das Gesicht. Einzig die Schönheit bleibt an ihr zurück. Doch auch so liebt sie Phoebus noch. Er legt seine Hand auf den Stamm und fühlt noch immer das Herz unter der frischen Rinde schlagen. Wie echte Glieder umarmt er die Zweige und küsst das Holz. Doch selbst das Holz weicht noch vor seinen Küssen zurück. Zu diesem sagte der Gott: »Da du nicht meine Frau sein kannst, wirst du mein Baum sein! Immer sollen dich mein Haar, meine Leier und meine Köcher haben! Du wirst bei den latinischen Führern sein, wenn die frohe Stimme einen Triumph besingen und das Kapitol lange Ehrenzüge sehen wird. Als ergebenste Wächterin wirst du auch an augustischen Pfosten* vor den Toren stehen und die Eiche drinnen bewachen. Und so, wie auf meinem jugendlichen Kopf wallendes Haar ist, trage auch du die ewigen Ehren des Laubes!« Der feierliche Gesang hatte geendet. Da nickte der Lorbeerbaum mit seinen neuen Zweigen, und wie einen Kopf schien er den Wipfel zu bewegen.

Klassenarbeit

Aufgaben zum Interpretationstext	VP
1. Gliedern Sie den Text. Begründen Sie Ihre Entscheidungen mit inhaltlichen und/oder formalen Aspekten.	6
2. a) Stellen Sie mindestens sechs lateinische Begriffe aus dem Sachfeld »Baum« zusammen.	3
b) Belegen Sie am Text, wie und aus welchen Gründen die Verwandlung vonstatten geht.	3
c) Belegen Sie in Phoebus' Rede drei Stilmittel und zeigen Sie jeweils, wie die Stilistik die Aussage unterstützt.	6
3. Beurteilen Sie – ausgehend von Ihrer Lektüreerfahrung – kritisch die Erfüllung von Daphnes Bitte durch die Eltern. Belegen Sie Ihre Ausführungen am lateinischen Text.	6
	24

Erwartungshorizont

Wie das Lektüremodell besteht die Klassenarbeit jeweils zu 50 % aus einem Übersetzungs- und einem Interpretationsteil. Für die Bearbeitung der Klassenarbeit sollte den Schülern eine Doppelstunde zur Verfügung gestellt werden.

Für die Übersetzung ist folgende Bewertung denkbar:

Fehler (63 W.)	Note
0–0,75	1
1–1,75	1–2
2–2,75	2
3–3,75	2–3
4–4,75	3
5–5,75	3–4
6–6,75	4
7–7,75	4–5
8–8,75	5
9–9,75	5–6
ab 10	6

Fehler (87 W.)	Note
0–1,5	1
1,75–2,75	1–2
3–4	2
4,25–5,25	2–3
5,5–6,5	3
6,75–7,75	3–4
8–9	4
9,25–10,25	4–5
10,5–11,5	5
11,75–12,75	5–6
ab 13	6

Klassenarbeit

Für die Interpretation empfiehlt sich folgende Bewertung:

Punkte	Note
24–23	1
22–21	1–2
20–19	2
18–17	2–3
16–15	3
14–13	3–4
12–11	4
10–09	4–5
08–07	5
06–05	5–6
04–00	6

Stellenangaben:
Übersetzung: Ovid, *Metamorphosen* 1, 452–462/465.
Interpretation: Ovid, *Metamorphosen* 1, 545–567.

Lösungsvorschläge zur Interpretation
Die Geschichte von Apoll und Daphne bietet sich an, da die Schüler am Ende der gesamten Lektüre um die Rolle von Bäumen und die Zudringlichkeit von Göttern gegenüber menschlichen Mädchen in den *Metamorphosen* wissen und das Schicksal der Lucretia kennen. Die Klassenarbeit kann aber auch dann eingesetzt werden, wenn im Unterricht nur die Geschichte von Pyramus und Thisbe behandelt wurde.

Aufgabe 1
Eine mögliche Gliederung wäre:

V. 1–8	Daphne lässt nicht locker / Daphnes Verwandlung	*mutando perge figuram; Remanet nitor*
V. 9–12	Phoebus lässt nicht locker / Phoebus' Reaktion	*Hanc quoque amat; Refugit tamen*
V. 13–23	Der Kompromiss	*coniunx mea non potes esse; arbor eris certe mea; laurea adnuit*

Klassenarbeit

Dieser Gliederungsvorschlag orientiert sich an der Notwendigkeit der Verwandlung, die deshalb unausweichlich wird, weil keiner der beiden von seiner Position abrücken kann.

Aufgabe 2

a) *liber, frons, ramus, radix, cacumen, stips, cortex, lignum, arbor, quercus, laurea.*

b) In dieser Geschichte wird die Bedeutung des Lorbeers als Siegeszeichen und im Apollo-Kult (*Semper habebunt te citharae, te nostrae, laure, pharetrae; Tu ducibus Latiis aderis; triumphus; pompae; fidissima custos*) als Folge der unerfüllten Liebe des Phoebus zu Daphne (*coniunx mea non potes esse*) erklärt. Diese wird zum Schutz vor einer Vergewaltigung (*ut laedar*) durch den Gott in einen Lorbeerbaum (*laurea*) verwandelt.

Dabei geht die Initiative zur Verwandlung von Daphne aus, die um Verwandlung durch körperliche Entstellung bittet (*mutando perde figuram*), um für Apoll nicht mehr begehrenswert zu sein. Dies geschieht durch die Verwandlung in einen Baum, wodurch alle Fluchtbewegung gehemmt wird und zum Stillstand kommt (*cinguntur, crescent, haeret*). Das ist jedoch nur der erste Teil der Verwandlung; der zweite besteht darin, dass der Lorbeer zum Siegeszeichen wird. Dies geschieht durch Apolls »Kompromissangebot« (*arbor eris certe mea*) und durch Daphnes stumme Zustimmung (*adnuit*).

c) Mögliche Stilmittel:

Antithese, Chiasmus, Polyptoton, Hyperbaton	*coniunx mea non potes esse, arbor eris certe […] mea*	Unvereinbarkeit der Positionen; Kompromiss
Anapher, Trikolon, Asyndeton, Zeugma	*te coma, te citharae, te nostrae […] pharetrae*	Zusammenfassung des Kompromisses
Polyptoton	*habebunt te […] Tu […] aderis*	Daphne steht im Zentrum von Phoebus' Denken.
Trikolon, Klimax	*Tu […] aderis […] stabis […] tu quoque […] gere*	Ausführung des Kompromisses
Hyperbaton	*laeta triumphum vox; longas Capitolia pompas; perpetuos semper gere frondis honores*	Länge des Triumphzuges bzw. Ewigkeit der Ehren

| Chiasmus | *intonsis caput* [...] *iuvenale capillis* | Wildheit der Frisur |
| Vergleich | *Utque meum* [...] *caput est* [...] | Veranschaulichung |

Aufgabe 3

Daphne sieht die Verwandlung als letzten Ausweg (*fer opem*), um sich vor einer drohenden Vergewaltigung zu schützen (*ut laedar*). Sie fordert also keine Verwandlung als Strafe für den Täter, sondern eine zum Schutz des Opfers (*perde figuram*). In den anderen besprochenen Geschichten geschah die Verwandlung als Mahnung und Erinnerung (vgl. Pyramus und Thisbe, Hermaphroditus), als Wiedergutmachung für das Opfer (vgl. Leukothoë) und als Strafe für die Täterin (vgl. Klytië). Wieder ist ein Mensch Opfer einer göttlichen Intrige bzw. göttlicher Schuld (vgl. Leukothoë). Insofern beschreibt die Geschichte Phoebus' tragisches Scheitern. Er erliegt seinen Gefühlen.

Aus Ovids Sicht wird wohl auch Daphne mitschuldig, denn dadurch dass sie vor Phoebus wegläuft, erweckt sie umso mehr sein Interesse, wie Ovid in den *Amores* aufzeigt (vgl. SB S. 21, F7).

Beide sind jedoch tragische Figuren, da sie zum Spielball Amors und insofern zwangsläufig schuldig werden.

Literaturverzeichnis und Internetadressen

Übersetzungen, Kommentare, Ausgaben, Wörterbücher

Bömer, F.: P. Ovidius Naso. Metamorphosen. Buch IV-V, Heidelberg 1976.

Breitenbach, H.: Publius Ovidius Naso: Metamorphosen. Epos in 15 Büchern, Stuttgart 1964.

Döderlein, L.: Handbuch der lateinischen Etymologie, Leipzig 1841.

Hintner, V.: Kleines Wörterbuch der lateinischen Etymologie mit besonderer Berücksichtigung des Griechischen und Deutschen, Brixen 1873.

Lukian: Von der Trauer um die Verstorbenen. In: H. Floerke: Lukian. Sämtliche Werke. Bd. 4, Berlin 1922.

Menge, H.: Lateinische Synonymik, Heidelberg 2007.

Nikolaus von Myra: Progymnasmata. Zitiert nach W. H. Roscher: Ausführliches Lexikon der griechischen und römischen Mythologie, Leipzig 1890–97. Bd. III, 2, Sp. 3338.

Rösch, E.: Publius Ovidius Naso. Metamorphosen, München 1964.

Scholz, I. / Göttsching, V.: Zwischen Nähe und Distanz. Eltern-Kind-Erzählungen in Ovids Metamorphosen, Bamberg 2012.

von Schiller, F.: Die Braut von Messina. In: Friedrichs Von Schiller Sämmtliche Werke. Achtes Bändchen. Herausgegeben von C. G. Körner, Stuttgart/Tübingen 1823.

von Strassburg, G.: Tristan und Isolde. In Auswahl herausgegeben von Friedrich Maurer, Berlin/New York 1986.

Weitere Literatur

Adams, J. N.: The Latin Sexual Vocabulary, Baltimore 1990.

von Albrecht, M.: Ovid. Eine Einführung, Stuttgart 2003.

von Albrecht, M. / Glücklich, H.-J.: Interpretationen und Unterrichtsvorschläge zu Ovids »Metamorphosen«. Ab 10. Jahrgangsstufe, Göttingen 2011.

Baagøe, H. J.: Vespertilio murinus. Zweifarbfledermaus. In: F. Krapp (Hg.): Die Fledermäuse Europas. Ein umfassendes Handbuch zur Biologie, Bestimmung und Verbreitung, Wiebelsheim 2011, 473–514.

Böhme, G.: Ich-Selbst. Über die Formation des Subjekts, München 2012.

Brandstätter, E.: Ambivalente Zufriedenheit. Der Einfluss sozialer Vergleiche, Münster u. a. 1998.

Buber, M.: Ich und Du, Stuttgart 2008.

Ebert, P.: Beziehung ist mehr als ein Geschäft. Der Beziehungsoptimierer, Berlin 2014.

Finck, F.: Platons Begründung der Seele im absoluten Denken, Berlin/New York 2007.

Franz, M.: Tabuthema Trauerarbeit. Erzieherinnen begleiten Kinder bei Abschied, Verlust und Tod, München 2002.

Freud, S.: Trauer und Melancholie. In: A. Mitscherlich et al. (Hgg.): Sigmund Freud Studienausgabe III, Psychologie des Unbewußten, Frankfurt/Main 1975.

Fromm, E.: Die Kunst des Liebens, Frankfurt/Main u. a. 1980.

Gollwitzer, M.: Soziale Gerechtigkeit. Was unsere Gesellschaft aus den Erkenntnissen der Gerechtigkeitspsychologie lernen kann, Göttingen u. a. 2013.

Gollwitzer, M. et al.: What gives victims satisfaction when they seek revenge?: Eur. J. Soc. Psychol. 41 (2011), 364–374.

Hintz, B.: Liebe als Medium der Kommunikation: IZPP 2/2011, 1–13.

Höpting, K.: Der Mythosbegriff bei Paul Tillich. In: P. Haigis / I. Nord im Auftrag der Paul-Tillich-Gesellschaft (Hgg.): Tillich Preview 2013. »Theologie der Liebe« im Anschluss an Paul Tillich, Münster 2013, 41–74.

Kast, V.: Trauern. Phasen und Chancen des psychischen Prozesses, Stuttgart 1982.

Kübler-Ross, E.: Interviews mit Sterbenden, Gütersloh 1990.

Kuhlmann, P.: Ovid als Theologe: Mitteilungsblatt des Landesverbandes Hessen im Deutschen Altphilologenverband (DAV) 52.1–2 (2005), 6–19.

Kuhlmann, P.: Theologie und Ethik in Ovids Metamorphosen: Gymnasium 114 (2007), 317–334.

Müller, M. / Schnegg, M.: Der Weg der Trauer. Hilfen bei Verlust und Tod, Freiburg/Br. 2004.

Literaturverzeichnis und Internetadressen

PALMESHOFER, P.: Rezeption von Ovids Metamorphosen in Japans Populärkultur. Publius Ovidius Naso bei Tawada Yōko, Hamburg 2013.

ROTHGANG, G.-W.: Entwicklungspsychologie, Stuttgart 2009.

SACHSSE, U.: Rache. Destruktive Wiedergutmachung. In: E. HERDIECKERHOFF et al. (Hgg.): Hassen und Versöhnen. Psychoanalytische Erkundungen, Göttingen 1990, 52–59.

SALZBERGER-WITTENBERG, I.: Psychoanalytisches Verstehen von Beziehungen. Ein Kleinianischer Ansatz, Wien 2002.

SCHMITT, A.: Die Moderne und Platon, Darmstadt 2003.

SCHMITZER, U.: Meeresstille und Wasserrohrbruch. Über Herkunft, Funktion und Nachwirkung der Gleichnisse in Ovids Erzählung von Pyramus und Thisbe (met. 4,55–166): Gymnasium 99 (1992), 519–545.

SPAHLINGER, L.: Ars latet arte sua. Untersuchungen zur Poetologie in den Metamorphosen Ovids, Stuttgart/Leipzig 1996.

SPLETT, J.: Umbruch als Chance. Sinnkrise als menschliche Situation: Lebendiges Zeugnis 54 (1999), 125–133.

TAUSCH-FLAMMER, D. / BICKEL, L. (Hgg.): Wenn Kinder nach dem Sterben fragen. Ein Begleitbuch für Kinder, Eltern und Erzieher, Freiburg/Br. 1994.

GRIMM, TIEMO et al.: Taschenlehrbuch Humangenetik, Stuttgart 2011.

WOSCHITZ, K. M.: Die Macht der Liebe. Eros, Philia, Agape: Disputatio Philosophica 12 (2011), 121–135.

Internetadressen

HAUBL, R. / BRÄHLER, E.: Neid und Neidbewältigung in Deutschland. Ergebnisse einer Repräsentativerhebung. Hintergrundinformationen. Frankfurt/Main/Leipzig 2009: http://medpsy.uniklinikum-leipzig.de/red_tools/dl_document.php?PHPSESSID=redb4um3pbtu18qnq6n5ce6sc0&id=38 (Zugriff: 24/01/15).

Infoblatt

Zäsuren im Hexameter

Sie kennen bereits das Grundschema des Hexameters:
—́ ⏑⏑ | —́ ⏑⏑ | —́ ⏑⏑ | —́ ⏑⏑ | —́ ⏑⏑ | —́ ×

Jede Zeile im Text ist ein Hexameter (griech. »Sechsmaß«). Ein Hexameter besteht aus sechs Versfüßen. Bei Versfuß 1–4 hat der Dichter die Auswahl zwischen einer Länge und zwei Kürzen (– vv) oder zwei Längen (– –), Versfuß 5 besteht fast immer aus einer Länge und zwei Kürzen, Versfuß 6 hat zwei Silben (– v oder – –). Jede Länge bzw. jedes Kürzenpaar bezeichnet man als Halbfuß.

Die genaue Versanalyse achtet auch darauf, wo genau ein Wort aufhört und wo ein neues beginnt, also wo sich Einschnitte befinden. Wenn innerhalb eines Versfußes ein Wort aufhört und ein neues beginnt, spricht man von einer Zäsur. Wenn ein Wortende mit einem Versende zusammenfällt, spricht man von einer Dihärese. Ein Einschnitt bewirkt eine Hervorhebung einer Stelle.

Wichtig sind fünf Einschnitte:

- **Trithemimeres** (³|): Zäsur nach dem dritten Halbfuß:
  —́ ⏑⏑ | —́ ³| ⏑⏑ | —́ ⏑⏑ | —́ ⏑⏑ | —́ ⏑⏑ | —́ ×

- **Penthemimeres** (⁵|): Zäsur nach dem fünften Halbfuß:
  —́ ⏑⏑ | —́ ⏑⏑ | —́ ⁵| ⏑⏑ | —́ ⏑⏑ | —́ ⏑⏑ | —́ ×

- **Hephthemimeres** (⁷|): Zäsur nach dem siebten Halbfuß:
  —́ ⏑⏑ | —́ ⏑⏑ | —́ ⏑⏑ | —́ ⁷| ⏑⏑ | —́ ⏑⏑ | —́ ×

- **Bukolische Dihärese** (ᴮᴰ|): nach dem vierten Versfuß, also dem achten Halbfuß:
  —́ ⏑⏑ | —́ ⏑⏑ | —́ ⏑⏑ | —́ ⏑⏑ ᴮᴰ| —́ ⏑⏑ | —́ ×

- **Kata triton trochaion** (ᴷᵀᵀ|): Zäsur nach dem dritten Trochäus (Trochäus: Verbindung einer Länge und einer Kürze):
  —́ ⏑⏑ | —́ ⏑⏑ | —́ ⏑ ᴷᵀᵀ| ⏑ | —́ ⏑⏑ | —́ ⏑⏑ | —́ ×

Beispiel:

Pȳ-ră-mŭs ēt ³| Thīs-bē ⁵|, iŭ-vĕ-nūm ⁷| pūl-chĕr-rĭ-mŭs āl-tĕr

* Hier läge ein Kata triton trochaion, wenn es hier ein Wortende gäbe.
** Hier läge eine bukolische Dihärese, wenn es hier ein Wortende gäbe.

Infoblatt

Satzwertige Konstruktionen

Folgende Konstruktionen heißen satzwertig, weil sie die Funktion von Gliedsätzen einnehmen und auch als solche übersetzt werden (können).

Participium coniunctum

Das Participium coniunctum (PC) ist die Verbindung eines Partizips und eines Bezugsworts in KNG-Kongruenz. Das Partizip gibt Begleitumstände an. Übersetzt werden kann es wörtlich, mit adverbialem oder relativem Gliedsatz oder einem Präpositionalausdruck.

Beispiele: *oscula non pervenientia* – Küsse, die nicht ankamen
  locuti – nachdem sie gesprochen hatten (Das Bezugswort ist hier aus dem Kontext zu ergänzen.)

Ablativus absolutus

Der Abl. abs. ist dem PC ähnlich; der Unterschied besteht darin, dass das Bezugswort keine Funktion im übergeordneten Satz hat, sondern der gesamte Ausdruck als Adverbiale losgelöst (absolut) steht.

Beispiel: *captis mentibus* – nach/wegen Fesselung ihrer Sinne

Accusativus cum infinitivo

Der AcI verbindet zwei Handlungen, bei der i. d. R. die eine Handlung eine Wahrnehmung bzw. eine Aussage bzgl. der anderen ist. Als Prädikat erscheint daher meist ein »Kopf-« oder »Herzverb«, d. h. ein Verb aus den Bereichen Sagen, Sehen, Hören, Fühlen, Denken usw. Die Konstruktion selbst besteht aus einem Akkusativ-Subjekt und einem Infinitiv-Prädikat; diese Glieder nehmen, ggf. mit weiteren Ergänzungen, die Objektstelle im Satz ein.

Beispiele: *ut sineres nos iungi* – dass du zulässt, dass wir uns verbinden
  nos debere fatemur – wir gestehen, dass wir verdanken

Nominativus cum infinitivo

Der NcI ist sozusagen ein »passiver AcI«, d. h., das Kopfverb, von dem die Konstruktion abhängt, steht im Passiv. Dies erzeugt einen größeren Grad an Allgemeinheit bzw. größere Distanz zum Gesagten (Bsp.: Es wird gesagt, dass …; man sagt, dass …). Das Subjekt zum Kopfverb-Prädikat ist dann auch Subjekt zum Infinitiv-Prädikat, es wird also kein zweites Subjekt eingeführt.

AcI: *Marcus dicit Quintum per forum currere.*
NcI: *Quintus per forum currere dicitur.*
Beispiel: *Semiramis dicitur cinxisse* – Man sagt, dass Semiramis umgeben hat / Semiramis soll umgeben haben.

Infoblatt

Dichtersprache

Poetischer Plural	
ora statt *os*	Gesicht
nostra anima statt *mea anima*	meine Seele
suos amores statt *suum amorem*	ihre Liebe
Kurzformen	
-ēre statt *-ērunt* in der 3. Pers. Pl. Ind. Perf. Akt.	*coiēre* statt *coiērunt*
Ausfall von *-v-* und *-h-* zwischen Vokalen	*nil ~ nihil*
-īs statt *-ēs* im Akk. Pl. der dritten Deklination	*levīs tactūs* statt *levēs tactūs*
Griechische Kasusendungen	
-os/-e im Nom. Sg.	*Rhodos, Thisbe*
-ēs im Gen. Sg.	*Thisbēs, Circēs*
-ēn im Akk. Sg.	*Leucothoēn*
-a im Akk. Sg.	*aera*
Besonderheiten in der Syntax	
Ortsangaben ohne Präposition *in*	*lato arvo* statt *in lato arvo*
Adjektivattribut statt Genitivattribut	*arborei fetus* statt *arboris fetus*
Nachstellung von Subjunktion oder Relativpronomen	*hoc si nimium est* statt *si hoc nimium est*
Kasuslehre	
Ablativus comparationis	*temperius Eoo ~ temperius quam Eos*
Accusativus Graecus zur Bezeichnung eines Bezugs (»im Hinblick auf«)	*adoperta vultum* *laniata comas*
Vokabular	
griechische Wörter	*antrum* (Höhle) *aer* (Luft)
dichterische Wörter	*tellus ~ terra* *natus ~ filius* *letum ~ mors*